宜宾学院高层次人才“启航”计划项目：共建“一带一路”引领下成渝地区双城经济圈高等教育国际化发展研究（2021QH018）

四川省高等学校人文社会科学重点研究基地——四川国际教育发展研究中心立项课题成果：“一带一路”视域下成渝地区双城经济圈高等教育国际化现状与发展策略研究（SCGJ2021-13）

成渝地区双城经济圈高等教育国际化改革路径研究

彭 万 著

吉林大学出版社

·长春·

图书在版编目（CIP）数据

成渝地区双城经济圈高等教育国际化改革路径研究 / 彭万著 .— 长春 ： 吉林大学出版社， 2021.11
ISBN 978-7-5692-9392-0

Ⅰ. ①成… Ⅱ. ①彭… Ⅲ. ①高等教育—国际化—研究—成都、重庆 Ⅳ. ① G649.2

中国版本图书馆 CIP 数据核字（2021）第 224802 号

书　　名：成渝地区双城经济圈高等教育国际化改革路径研究
CHENGYU DIQU SHUANGCHENG JINGJIQUAN GAODENG JIAOYU GUOJIHUA GAIGE LUJING YANJIU

作　　者：彭　万　著
策划编辑：邵宇彤
责任编辑：张维波
责任校对：李潇潇
装帧设计：优盛文化
出版发行：吉林大学出版社
社　　址：长春市人民大街 4059 号
邮政编码：130021
发行电话：0431-89580028/29/21
网　　址：http://www.jlup.com.cn
电子邮箱：jdcbs@jlu.edu.cn
印　　刷：定州启航印刷有限公司
成品尺寸：170mm×240mm　　16 开
印　　张：11.5
字　　数：205 千字
版　　次：2021 年 11 月第 1 版
印　　次：2021 年 11 月第 1 次
书　　号：ISBN 978-7-5692-9392-0
定　　价：59.00 元

前言

在我国新时代新发展理念得到有效贯彻的背景下，区域城市圈发展成为我国提升区域发展质量的重要推动力。在这样的经济发展新常态下，成渝地区双城经济圈的发展模式由“高速度发展”转变为“高质量发展”。为了更好地适应国际化发展需要，成渝地区双城经济圈的很多优质国有企业及民营企业利用与高校合作的“产学研”发展模式，努力促进高等教育国际化改革，利用校企合作的发展模式，提升企业科研能力，为高等院校学生提供就业机会，促进高等院校教师将自身的科研成果进行市场化推广。

高等教育国际化改革是当前我国高等教育领域中的一个热点趋势，能够有效促进高校实现国际化发展，拓展高校的办学模式。在高等教育国际化改革的过程中，高校应积极推动师资力量升级、办学观念转变、学生就业率提升，从而从根本上提升高校的办学及育人质量。

成渝地区双城经济圈具备巨大的发展潜力，其中的高等院校发展在全国处于中等偏上位置。高等教育国际化改革激发了成渝地区双城经济圈的企业发展活力，形成了以校企联合为主导的成渝地区双城经济圈经济发展新常态。

本书在成渝地区双城经济圈高等教育国际化改革的基础研究基础上，开展对成渝地区双城经济圈高等教育国际化改革的现状分析，之后进行成渝地区双城经济圈高等教育国际化改革的基础实施途径研究，继而进行我国其他经济圈高等教育国际化改革对成渝地区双城经济圈的借鉴价值研究，提出对成渝地区双城经济圈高等教育国际化改革的发展建议，最后分析国外企业与高校国际化创新合作案例及其对成渝地区双城经济圈的启示。希望通过本研究，能够探寻出一条基于高等教育国际化改革的成渝地区双城经济圈“产学研”结合发展的新途径，从而更好地促进成渝地区双城经济圈的社会经济发展及高校办学质量的提升。

目　录

第一章　成渝地区双城经济圈高等教育国际化改革的基础研究

第一节　高等教育国际化改革的基础研究

一、高等教育改革的本质

高等教育是以高校为主体的人才教育，具体包括高等职业教育、本科教育、研究生教育、博士生教育模式。高等教育是为社会培养人才的重要途径，通过高等教育的开展，能够切实帮助高校学生获得可用的关键社会能力，从而成为对社会发展能够做出贡献的社会人才。具体而言，高等教育国际化改革的核心体系就是建设“双一流”大学，即“世界一流大学”与“世界一流学科”，并在建设“双一流”大学的同时，协同发展高校的育人能力与科技成果转化能力，促使我国高等院校成为高素质人才的输送基地与“产学研”校企融合发展的关键单位。通过对高等教育的国际化改革，促使我国高等院校能够从根本上提升发展效能。高等教育的国际化改革关乎我国高等教育的长远发展。在高等教育改革的过程中，高等教育改革的实施者应时刻以“战战兢兢，如临深渊，如履薄冰”的谨慎态度，促进高等教育国际化改革取得实效性进展。高等教育国际化改革整体框架见图1-1。

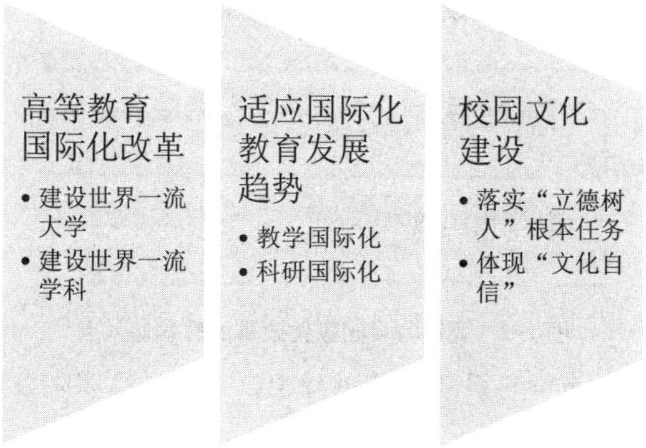

图1-1　高等教育国际化改革整体框架

黄明东在《我国高等教育的国际化政策研究》中指出："在中国特色社会主义强国建设中，教育的重要地位比以往任何时候都表现得更为突出。新时代大教育必须建立在对这些重大意义的深刻理解之上，不只是就教育论教育，而是从中华民族伟大复兴、科学社会主义发展以及中国智慧和中国方案出发，从国之大计、党之大计出发，强调切实发挥教育的政治功能和社会职能，树立建设教育强国的强烈使命感和责任感，注重具有高度的政治站位、具有广度的政治外延和具有深度的政治内涵，从更为深广的角度来实现可持续发展。"① 我国的高等教育改革不仅是对高等院校办学条件的提升，更是促进我国全面发展，提升创新创造活力，实现中华民族伟大复兴的重要基础工程。

高等教育改革应注重国际化改革，更新高等院校的办学理念，利用国际化改革切实促进高等院校育人质量的根本性提升。在高等院校国际化改革的过程中，应积极借鉴国际先进教育理论，应用当前国际范围内的先进生产技术，利用高等院校的整体性国际化发展，促进"产学研"结合的高等院校发展模式更新，使高等院校学生树立国际化发展理念，帮助高等院校学生掌握当前世界范围内较为先进的生产技术。

在我国高等教育的发展过程中，高等教育改革是一项关键性的高等教育提升与完善的途径。在我国的高等教育改革过程中，基于高等教育国际化改革理念，根据社会对高校人才的培养需要，进行相应的学科设置改革、教材改革、教学内容改革等，促使我国的高等院校更好地适应相应的人才培养需要，为我国的高校毕业生带来更为广阔的职业发展空间。高等教育国家化改革的教学切入点见图 1-2。

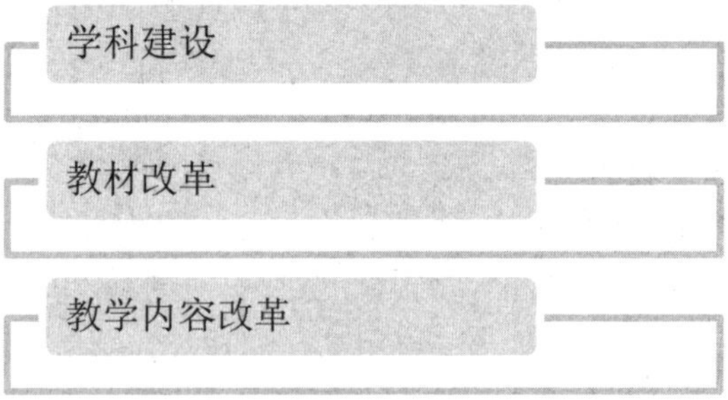

图 1-2　高等教育国家化改革的教学切入点

在我国高等教育学科设置改革过程中，无论是高职院校还是本科院校，

① 黄明东．我国高等教育的国际化政策研究 [M]. 北京：社会科学文献出版社，2019:1.

都积极参考当前国际社会中的生产力发展背景以及生产模式的转型升级，不断调整和提升自身院校的学科设置体系，从而利用学科设置的改革，有效地促进高等教育办学更好地适应社会发展需要。通过学科设置改革，能够在加强高校学生对国际化理论基础掌握的同时，切实促进高校学生掌握当今经济社会中所需要的专业技术，从而更好地帮助我国的高校学生实现良好的就业与创业发展前景。

在高等院校教材改革过程中，我国的高等院校基于学科设置改革，借鉴当今国际范围中的生产观念以及生产技术，对高等院校教材进行更新与完善，促使高等教育教材实现国际化发展。在高等院校教材的更新与完善过程中，教材的内容不断面向当代国际社会的发展需求进行更新以及扩充，使得我国高等院校的教材能够更好地体现出实用价值。具体而言，我国的高等教育教材改革通常是以高校及出版社合作的模式实施的，基于对国家政策的解读，并充分结合当今国际社会经济发展的具体特点，根据高校学生的实际理论发展需求及专业能力发展需求进行高等教育教材编写。通过这样的高等教育教材改革，还能够促使我国高校的教学、科研水平得到提升，积极开展经济发展新常态下的理论知识及实践技能研究，促使我国高等教育能够及时地体现出创新性的教育模式特点，实现我国高等教育学科的国际化发展。

对于高等教育改革过程中的教学内容改革来讲，高等院校的教师通常会基于学科改革与教材改革，将高等教育教学内容与实际的社会生产力发展相联系，并通过案例总结、组织讨论、开展实习指导的方式，帮助学生获得适应当前我国新发展理念的理论知识及专业技术。利用这样的教学内容改革，帮助高校学生将在高校学习的内容转化为自身的关键工作能力，促使学生在今后步入社会后能够更适应社会发展需要。此外，在高等教育的教学内容改革过程中“因材施教”的理念凸显，高等院校教师往往会根据学生的具体才能及素养，进行有针对性的教育培养，从而满足不同高校学生的不同需求，提升高等教育质量。

我国高等教育改革要围绕着对“立德树人”根本任务的落实以及对“文化自信”理念的贯彻来开展。在我国高等院校落实“立德树人”根本任务的过程中，需要以培养高校人才的道德观为先导，加强理想信念教育、可持续发展教育、革命传统教育、心理健康教育、劳动教育等，促进高校人才实现德智体美劳全面发展。在落实“文化自信”理念的过程中，高校教师应将教学内容与我国的传统文化、社会主义新文化融合，建立起“重视文化、依托文化、发展文化”的新型高等教育体系，促使高校学生将自身文化素养转变为实际的社会劳动能力，达到有效提升高校学生的就业、创业质量的目的。

此外，我国高等教育改革离不开高校师资力量及师资队伍建设。通过对高校教师的培养，促使更多高校具备专业性、先导性、知识性、技能性的教师团队。利用对高校师资力量的培养以及师资团队的高质量建设，促使我国高等院校的办学质量取得根本性的提升。

总而言之，我国高等教育改革是一项关系到国家发展与中华民族伟大复兴的关键性任务。在高等院校改革的过程中，我们应遵循国际化改革理念，积极进行学科建设、教材更新与完善、教学内容的改革与提升。在高等教育国际化改革的同时，突出“立德树人”根本任务的育人价值以及“文化自信”理念的优势。利用我国高等院校师资力量的不断提升与完善，促进高等院校学生在实现德智体美劳全面发展的基础上，具备良好的道德观念、可用的国际化专业技能、科学的思维模式以及坚实的文化基础，以此为高校学生带来更为广阔的发展前景。

二、高等教育国际化改革的作用

高等教育国际化改革具有无可替代的作用，依据国际化改革思维，能够从根本上提升高等院校的教育教学能力、学科建设力度、校企合作水平、科学研究质量。高等教育国际化改革并不是全盘引进西方国家的高等教育理念，而是在综合世界范围内高等教育经验的基础上，对这些国际高等教育经验进行“中国化”的改良与升级，从而使高等教育国际化改革兼具国际性与民族性。具体而言，高等教育国际化改革的作用，首先体现在提升高校学生综合素养以及就业、创业竞争力等方面，并且通过“产学研”结合的方式，有效地促进区域经济发展。在区域经济发展进入新常态的背景下，高等院校应利用自身的国际化改革，促进高等院校科研成果的转化，使高等院校的科研成果转变为能够推动社会生产力发展的新动能。邵光华等在《区域高等教育国际化研究》中指出：“区域高等教育国际化是区域经济社会发展的内在需求。区域高等教育国际化的核心是充分利用国内和国际两个教育市场，优化配置区域的教育资源和要素，培养出具有国际竞争力的高素质创造型人才，为区域经济、科技、文化发展提供服务。如何促进区域高等教育国际化发展是个有意义的课题。”① 对于优化配置教育资源而言，高等院校的国际化

① 邵光华，施春阳，周国平，等．区域高等教育国际化研究 [M]. 杭州：浙江大学出版社，2016:2.

改革应深入分析当今国际范围内的生产力发展现状以及国际上对人才素养及专业技能的要求，从而利用国际化改革举措，建立高等教育国际化发展的新模式。高等教育国际化的作用见图 1-3。

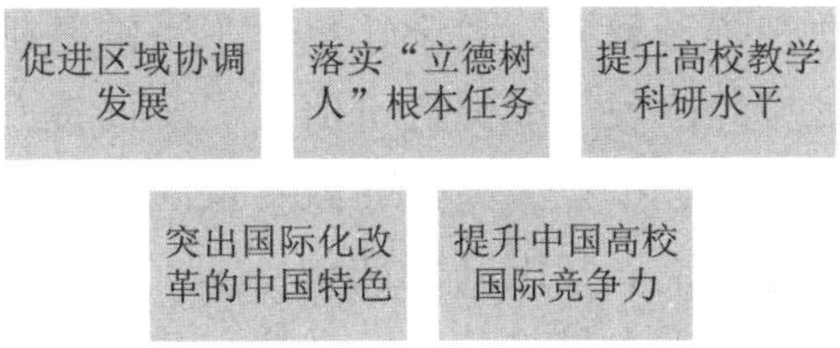

图 1-3 高等教育国际化的作用

第一，对区域发展来说，高等教育的国际化改革能够为区域经济的发展增添动力，成为促进区域经济协调发展的强大动力。在“产学研”结合的背景下，高等院校通过国际化的科研模式成果转化，能够帮助相应的企业提升其内在的生产技术水平，并且帮助企业构建起符合国际化发展潮流的经营模式。通过高等教育国际化改革，推动社会生产力的发展，让更多的“产学研”合作企业分享高等教育国际化改革的成果。具体而言，在“产学研”结合的背景下，高校引进国际范围内的先进生产技术，能够帮助相关企业更新或完善生产技术，达到提升企业生产效率的目的。与此同时，通过高校与企业的“产学研”合作，还能够将国际上先进的企业管理及经营模式引入目标企业中，促使目标企业通过管理制度的完善与经营模式的更新，更好地实现科学化可持续发展，提升市场竞争力，带动区域经济发展。

第二，高校首要的任务是育人，我国高等教育工作者要基于对“立德树人”根本任务的落实，积极贯彻“教育优先发展战略”理念，通过国际化改革的过程，切实提升高校的育人质量。高等教育国际化改革，能够使高校学生树立积极进步的国际化职业观念，并帮助高校学生有效提升自身的国际化专业技能，促使他们在未来的就业或者是创业过程中体现出自身的专业价值以及就业竞争力。具体而言，高校学生在亲身经历高等教育国际化改革的过程中，能够认识到当今国际市场的发展趋势，并且掌握当今国际范围内较为先进的生产技术，从而将自身发展成为具备国际化素养的专业性人才。因此，我国高校的国际化教育改革能够更好地促进我国高校学生实现自身价值，提升自身能力，在全面提升自身素养与专业能力的同时，真正成为能够促进中国特色社会主义发展的专业性人才，以此为中华民族的伟大复兴提供更优质的人力资源基础。

第三，高等教育国际化改革能够切实提升高等院校的教育、教学、科研水平。在当今“百年未有之大变局”的时代，我国高校应当积极借鉴国际先进高校的成功办学经验，提高高校教育、教学、科研水平。通过高校国际化改革与创新，将传统的高校教育发展模式转变成为新发展理念下的高校综合发展模式，从而在提升教育、教学、科研水平的基础上，承担更多社会责任，发挥更多对区域经济发展的促进价值，以全面提升我国高校的办学质量。具体而言，在传统观念中我国高校的教育模式以人才培养为核心，而在我国经济发展新常态背景下，我国高校被赋予了“产学研”结合的社会教育功能，不仅需要为国家培养大量具备必备品格与关键能力的人才，也需要承担科学研究责任以及科学研究成果的市场化转变义务。由此可见，在我国高校的国际化改革过程中，教育、教学、科研水平的提升不仅对高校自身的发展具有重要的推进作用，还对我国的科技发展以及区域经济发展具有关键性的作用。

第四，在高等院校国际化改革的过程中，还能够突出国际化改革的中国特色，促使国外的发展理念或生产技术更加适应新时代中国的国情，这样才能够真正体现出高等院校国际化改革的价值。高等院校国际化改革不能照搬国外的发展理念或生产技术，而是要将国外的发展理念或生产技术结合中国当前的社会现状进行相应的改良与创新。只有将国际化的发展理念与生产技术进行中国特色的转变，才能够利用国际先进发展理念与科学技术，促进中国高校以及“产学研”合作企业的高质量发展。

第五，高等院校国际化改革的根本价值在于提升中国高校在国际上的竞争力。在当今“双一流”高校建设的过程中，中国政府为了建设世界一流的高校，投入了很多资金以及人力管理资本，通过高等院校国际化改革，能够在建成“双一流”高校的基础上，提升我国高校在全世界范围内的影响力，使中国高校能够成为世界领先的教育机构。在当今世界范围内的国际高校排名中，北京大学、清华大学、浙江大学等我国顶尖高校已经占据了一席之地。通过我国高等院校国际化改革，能够使我国更多的高校进入世界一流领域，从而提升我国在全世界范围内的教育影响力以及教育实力。

在总体上来讲，中国高等教育的国际化改革能够提升学生的素养及专业能力，促进基于“产学研”结合模式的区域发展，实现中国特色的国际化先进发展理念及技术应用，全面提升我国高等院校的办学水平及国际影响力。在中国高等教育的国际化改革过程中，广大中国高校管理者及教育者应以新发展理念为指导，借鉴国际先进高校的办学模式以及先进技术，积极开创以“产学研”结合为基础的高校及企业区域合作发展模式，促使中国高校能够为中国经济社会发展贡献出更加具有发展促进价值的新动能。中国高校的国际化建设也需要政府的大力扶持，政府政策杠杆的调节、资金投入的支持以及人力资源建设能够帮助我国高校具备国际化改革的基础，帮助我国高校从“高速度发展模式”转变为“高质量发展模式”，促使我国高校更好地实现“双一流”的建设目标。

三、高等教育国际化改革应具备的基本条件

高等教育改革不是轻轻松松就能够实现的，而是需要具备相应的基础条件。在高等教育国际化改革的过程中，国家政策扶持、师资力量建设、加强国际交流、资金支持、区域产业联动是最为重要的五大基本条件。在这五大基本条件中，国家政策扶持具有重要的先导性作用，对高校国际化改革具有关键性的影响作用。高校的师资力量建设是高等教育国际化改革的人力资源基础，只有拥有了专业化、国际化的高校师资力量，才能够有序推进高等教育国际化改革的发展。加强国际交流是实现我国高校引进国际先进发展理念及技术的主要途径，利用充分的高校国际交流，不仅能够相互借鉴对方的教育发展理念及核心科学技术，还能够促进高校国际影响力的提升。对于资金支持而言，高校国际化改革需要大量的资金资源，如果没有稳定的资金支持，则很难开展后续的国际化改革。对于区域产业联动而言，高等教育的国际化改革发展最主要的目的就是通过“产学研”结合的模式，提升区域经济发展质量，从而在提升区域生产力的基础上，更好地促进区域经济的转型升级。高等教育国际化改革应具备的基本条件见图 1-4。

图 1-4　高等教育国际化改革应具备的基本条件

（1）对于国家政策扶持而言，在党的十八大以来，我国政府积极支持高等教育的国际化改革发展，并在十九大之后，进一步加强了对高等教育国际化改革发展的支持。在国家政策扶持基础上，提出了“双一流”大学的发展思路。所谓“双一流”大学，即“世界一流大学”与“世界一流学科”。2017 年 1 月，教育部、财政部、国家发展和改革委员会印发《教育部 财政

部 国家发展改革委关于印发〈统筹推进世界一流大学和一流学科建设实施办法（暂行）〉的通知》。2017 年 9 月，教育部、财政部、国家发展和改革委员会联合发布《教育部 财政部 国家发展改革委关于公布世界一流大学和一流学科建设高校及建设学科名单的通知》，正式公布世界一流大学和世界一流学科建设高校及建设学科名单，首批“双一流”建设高校共计 137 所，其中世界一流大学建设高校 42 所（A 类 36 所，B 类 6 所），世界一流学科建设高校 95 所，双一流建设学科共计 465 个（其中自定学科 44 个）。由此可见，我国的高等教育国际化改革是以“双一流”大学建设为基础的，国家对“双一流”大学建设实施了重要的政策扶持。

（2）对于师资力量建设而言，当前我国的高职院校招聘教师的门槛普遍在硕士研究生以上，我国的本科院校招聘教师的门槛普遍在博士研究生以上。与此同时，我国的各类高校在积极引入高学历教师的基础上，还进行了对现有教师教学、科研能力的系统化培训，从而促进高等院校教师队伍专业化发展。目前，我国的很多本科院校为教师提供了学科科研经费与学科科研设施，使得更多具有科研意愿的高校教师能够利用学校的科研支持，展开学科项目研究。此外，我国各类高校也都十分注重对教师队伍的职业化培训，通过教师之间的学术交流以及邀请有关专家进行学术报告，切实促进高校教师提升教学、科研能力。由此可见，在我国高校的师资力量建设过程中，我国的高校普遍重视对教师的教学能力培养以及教师的科研能力发展，这已经成为我国高等院校师资力量发展的新常态。此外，在我国的高等教育师资力量的建设过程中，要积极发展教师的师德素养，促进教师以“教师的职业操守”严格要求自己，促进教师职业发展的同时，实现“学为人师，行为世范”的师德榜样带动作用，使教师成长为高素质的专业教师。

（3）对于加强国际交流而言，当前我国的高等院校不断提升国际交流的频率，邀请国际专家进行学术报告，还有很多高校开展了国际科研合作项目，能够积极参与到国际科技发展研究的关键过程中。国际交流不仅对我国高等教育国际化改革具有重要的促进作用，还能够促进我国高校加强国际影响力。在当前高等教育国际交流常态化的背景下，我国很多高校都设置了国际交流合作部。例如，北京大学在建立国际交流合作部的基础上，积极开展与美国芝加哥大学的经济贸易合作，并开设了与俄罗斯合作运营的数学中心，等等。这样的中国高校国际化合作促进了我国高等教育国际化改革的发展与进步。此外，中国高校与外国企业的国际校企合作不仅能够促进高等教育国际化交流，更能够密切中国与其他世界各国的经济贸易交往，促使高等院校及国际合作企业双方都能够获得可观的国际化校企合作红利。

（4）对于资金支持而言，在高等院校的国际化改革过程中，资金不可或缺。国际化改革的国际专业化研究课题的实施、国际化技术研发、国际化改革场所的建设都需要大量的资金。在目前我国的高校中，国际化改革的资金来源一般包括三个方面：一是政府的专项资金投入；二是大学自身的资金收入；三是“产学研”合作企业的资金支持。在这三方面的资金来源中，政府的资金投入最为关键。当前，我国政府对“双一流”大学的“世界一流学科”建设进行了大量的资金投入，并且利用公共管理资源，为“双一流”大学的“世界一流学科”建设提供便利。高校本身的资金收入主要来自学生的学费以及毕业生校友的捐赠，这种类型的资金收入是极为有限的，但是也能够为高等院校的国际化改革做出一定贡献。在“产学研”合作企业的资金支持方面，高校在与目标企业展开“产学研”合作的过程中，能够通过企业的资金投入与设备、场地的支持，开展“产学研”校企融合发展，从而帮助企业更好地提升企业生产力，更新企业管理运营理念，促进高校与企业共同发展。

（5）对于区域产业联动而言，在“产学研”校企融合发展的模式下，高等教育的国际化改革需要紧随当今国际市场经济发展的潮流，通过“产学研”校企融合，促进高校的国际化改革发展。具体而言，在区域经济的背景下，高校应在引进国际先进发展理念以及生产技术的前提下，根据区域经济发展的特点与目标合作企业的发展现状，推动区域产业转型升级，配合区域合作企业不断完善生产技术，及时更新经营管理理念，从而更好地促进区域产业联动发展。此外，“产学研”校企融合发展的模式还能够更好地为高校的实习生、毕业生提供工作机会以及工作岗位，为高校学生的职业发展奠定良好的基础，促进高校学生掌握当前一线企业的管理理念与生产技术，提升高校学生的综合素质与职业能力。

总而言之，高校管理者应根据高校情况，利用国家扶持政策，积极建设高素质的高校师资力量团队，切实加强国际交流，获取国际化改革资金，并积极开展“产学研”校企合作，进行高等教育国际化改革的积极尝试。通过完善高校国际化改革的基本条件，能够促进高校催生出国际化改革发展的原动力，促使高校实现成功的国际化改革。

第二节 高等教育国际化改革的意义分析

一、社会经济发展需要更多高素质人才

在当今的社会背景下，高素质人才已经成为一个国家国际竞争力的基础。高等教育是培养高素质人才的主要途径，高校人才的综合素质培养不仅体现了高等院校的办学水平，也体现出我国高等教育国际化改革的成效。对高校学生的培养主要体现在专业技术、创新思维、国际化发展理念、职业素养四个方面。从整体上来讲，高校学生通过国际化的高校改革能够学习与掌握在当今国际社会中较为先进的生产技术，还能够借鉴国外的新思维、新思路、新理念发展创新思维，适应社会经济发展需要的高素质人才。高素质人才培养方向见图 1-5。

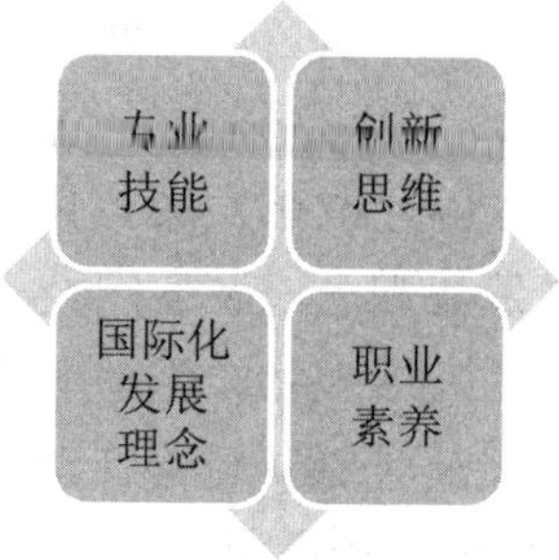

图 1-5　高素质人才培养方向

当代社会也被称为人才型社会，社会的发展离不开高素质人才。高素质人才能够在自身职业生涯发展的过程中，利用自身专业素养提升工作效率。高等教育国际化改革能够培养出大量的高素质专业技能型人才，在人才的具体就业与创业过程中，积极发挥建设性作用，为经济社会的发展提供有力支撑。在当代高等教育国际化改革背景下，人才的培养机制不断完善，高职院校与本科院校的融合性发展也成为我国高校建设的新模式。高校毕业生通过国际化教育，能够学习其中的思想精髓与专业技术要点，为自身毕业之后的就业与创业提供基础的工作能力。对于我国高校“产学研”校企融合发展模式而言，高校的实习生以及毕业生能够直接进入与自身专业对口的企业工作岗位，提升自身的专业技能，为自身的终身职业发展奠定良好的基础。然而当前我国高等院校的人才培养模式并不能完全满足社会对高素质人才的需

要，出现了一方面高校毕业生就业困难，另一方面企业招聘不到具备良好工作能力的高素质人才的困局。

对于当前我国人才发展现状，刘翠兰等在《民办高校人才发展研究》中指出："当今世界正处在大发展、大变革和大调整时期，我国正处在改革发展的关键阶段，新的形势和任务更加凸显了人才的重要性。从未来的发展看，加快人才发展是我们在激烈的国际竞争中赢得主动的重大战略选择。站在世界宏观的大格局下，我们必须清醒地看到，当前我国人才发展的总体水平与世界发达国家相比仍存在较大差距，与我国经济社会发展需要相比还有许多不适应的地方，高层次创新型人才匮乏，人才创新创业能力不强，人才结构和布局不尽合理，人才发展体制机制障碍尚未消除，人才资源开发投入不足，等等。"① 通过这样的人才需求分析，我们能够认识到，当代中国社会的人才需求十分紧迫，而当前我国高校的人才培养还是存在欠缺。通过高等教育国际化改革，能够创新高校人才培养模式，提升高素质人才培养质量，促使我国的人才结构与人才布局更为合理，从根本上解决社会经济发展对高素质人才的需求缺口。

中国当代社会经济发展对人才的需求促进了高等院校人才培养模式的转变。在高等教育国际化改革的过程中，我国的高等院校都开始了积极的人才培养模式转型升级探索。通过我国的高等院校国际化改革，能够根据社会经济发展的需要，培养出满足市场经济发展需求的高素质专业化人才，促使这些高素质高校人才在市场经济发展的大潮中利用自身专业素养与国际化思维，取得事业的成功，实现个人价值。对于高等院校的人才培养模式构建而言，应当吸取国际上的先进人才培养经验，科学调整人才布局，优化人才结构，提升高等院校人才培养效率。在高校人才结构合理化调整的过程中，应当积极利用国际经验，结合本地经济发展特点，进行相应的专业化学科建设。对于高等职业教育而言，应利用"产教结合"的校企合作发展模式，将一线的实际生产与高等职业教育相结合，促进高职院校学生在"产教结合"的实训过程中获得实用的专业技术。

例如，我国成渝地区双城经济圈高校建设省级以及国家级"一流学科"的过程中，充分参考成渝地区双城经济圈的经济社会发展基础，开展国际化学科合作，建立了 MBA（工商管理硕士）、计算机科学与技术、机械设计制

① 刘翠兰，杨淑平，征艳珂，等.民办高校人才发展研究 [M]. 北京：中国社会科学出版社，2020:1.

造及其自动化、MPA（公共管理硕士）、多媒体与网络技术等众多研究生、本科、高职阶段的省级以及国家级“一流学科”。与此同时，作为世界级“双一流”大学的重庆大学开设的机械工程、仪器科学与技术、电气工程专业也是具有国际“一流学科”竞争力的精品学科。这些国际“一流学科”与工业生产息息相关，通过培养学生机械技术、仪器技术、电气技术，能够为成渝地区双城经济圈乃至全国、全世界培养工业技术人才，满足经济社会对高素质人才的需要。

成渝地区双城经济圈的高等院校国际化改革依据“供给侧改革”与“一带一路”倡议的大方向，进行人才培养模式转型升级。在课程教学内容改革的过程中，绝大部分成渝地区双城经济圈的高等院校都加入了国际上先进的生产、销售、管理等方面的案例，帮助学生认识当今国际社会中的各类产业发展现状，在拓展高校学生视野的前提下，培养高校学生国际化的学习思维。

又如，在成渝地区双城经济圈的“产学研”校企融合发展过程中，成都工业学院与成都京东方光电科技有限公司、富士康科技集团（成都）、苏宁易购集团股份有限公司展开了校企合作，以高校的人才资源，推动社会企业的产教融合发展。在政策的支持下，分享改革红利，将参与“产学研”校企融合发展的成都工业学院学生培养成技能应用型人才。在这样的“产学研”校企融合发展基础上，成都工业学院实现了学科科研创新体系建设，满足了成渝地区双城经济圈的人才发展需求及产业发展需求。

总之，高等院校的国际化改革需要基于院校自身的办学条件，利用国际化的人才培养模式，不断提升院校学科育人质量。高等院校的人才培养模式应适应经济社会的发展需要，从学科建设、校企融合等方面积极推进高等院校的教学育人模式的转型升级，培养出经济社会急需的高素质复合型人才。此外，在建设“一流学科”的基础上，高等院校应积极推进以“产学研”结合为特点的校企合作发展模式，在帮助企业增强其生产力、提高生产效率的基础上，利用高校学生的企业实习与就业，满足经济社会对高素质人才的需要，将高等院校真正打造成人才培养基地。

二、高等教育国际化改革能够提升人才创新能力

决定人才发展的主要因素不仅是人才的专业素质以及道德素养，人才的创新能力也在很大程度上决定了人才的发展前景。在当代“大众创业，万众创新”的社会背景下，人才的创新能力对促进经济社会的发展显得尤为重

要。高等教育国际化改革能够提升高校人才的创新能力，从而为社会经济的发展做出更大的贡献。具体而言，高等教育国际化改革能够吸取世界范围内的教育、科研等方面的经验，为高校教师以及高校学生提供更为系统化的创新能力发展基础。

姜丽华在《学生创新能力培养与教师文化构建》中指出："现代社会的发展需要国家拥有更多的创新人才，也需要人们具有更强的创新能力来应对不断变化的环境。人的创新能力发展离不开学校教育的作用，促进社会与人的发展也是教育责无旁贷的使命。美国的心理学家吉尔福特（J .P. Guilford）指出，我们多的是创造性没有得到充分发挥的人，而创造性得到充分发挥、发展的只是极少数的人。因此，如何将大多数人的创新潜能发掘出来是时代对教育的要求，也是教育研究人员面临的严肃课题。"[①] 大多数高校学生虽然具备创新潜力，但是没有得到充分的创新能力培养，以至于他们无法充分发挥自身的创新能力。利用高等教育国际化改革来提升高校人才的创新能力，成为一项关键性的任务与重要的课题。高等教育对学生创新能力的培养关键是基于高等教育国际化改革，培养高校学生的创新思维，要求学生站在国际的角度去分析思考问题，从而找出问题的突破点及解决方法，促进高校学生养成良好的创新思维习惯。

在我国传统的高等教育模式下，对学生创新能力的培养普遍不足，只是为学生传授现有的知识以及科学技术等内容，却忽视了对学生创新能力的培养。而在高等教育国际化改革的背景下，高校普遍对于培养和提升高校学生创新能力很重视。例如，在高等院校的工科实验教学过程中，很多高校教师都会引导学生尝试利用创新性的工艺与方法，完成工科实验任务，在实际的"产教结合"劳动中发展学生的创新思维，从而促使高校学生在实践中发展可用的创新能力。又如，在"产学研"结合的校企合作背景下，进入合作企业的高校实习生或毕业生通常会在高校导师以及企业中的师傅的引导下，进行工作方法创新，利用国际化创新思维创新工作方法与专业技术，提高创新能力。

而在高等教育国际化改革的背景下，高校的学科设置也注重对学生创新能力的发展。在成渝地区双城经济圈，很多的高等院校设置了相关的创新能力培养专业课程，通过专业课程的考核，培养和提升学生的创新能力。同时，大多高等院校中设置了国家规范的"人才创新能力"考试，根据考试的

① 姜丽华 . 学生创新能力培养与教师文化构建 [M]. 北京 : 中央编译出版社 , 2015:1.

具体过程评定高校学生创新能力的等级，并根据高校学生创新能力等级颁发相应的创新能力证书。这样的创新课程与创新考试的模式能够使学生发掘自身创新潜力，提升自身创新能力及素养，从而在当前的学习以及今后的工作中充分利用自身的创新能力。

高等教育国际化改革无疑是一种有益的创新性人才培养模式改革方略。在高等院校基于国际先进人才培养理念的改革过程中，高校学生的学习能力、实践能力、执行能力、管理能力、创新能力等都能够获得提升。高校学生创新能力养成规律见图 1–6。

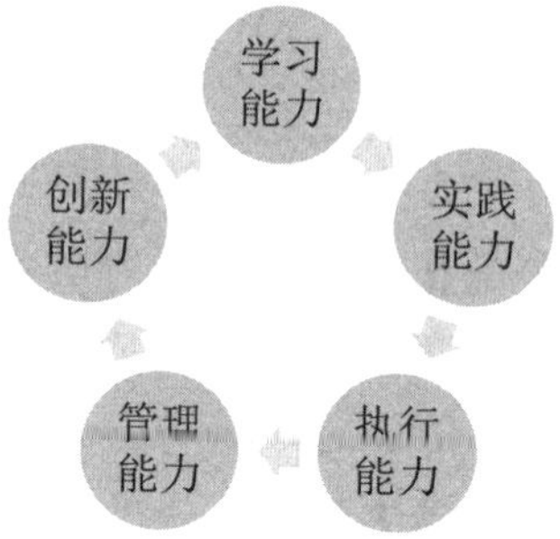

图 1–6　高校学生创新能力养成规律

高校学生创新能力提升的推动力之一是基于高等教育国际化改革的课程改革。通过具备创新性的课程教育，能够帮助高校学生提升创新能力。例如，利用高等院校专业课程的创新性案例分析，能够促使高校学生认识到创新在经济社会发展中的重要价值，从而在提升学生学习能力的基础上，培养其创新思维。随着高校学生学习能力的不断提升，他们在今后的职业发展过程中学习新的知识、理念及技术，以自身的学习能力为基础，更好地在具体工作中实现创新，从而成为具备良好创新能力的高素质人才。

就培养高等院校学生创新思维而言，在高等教育国际化改革的背景下，高校学生的创新思维一般来自院校的课程培养以及自身的社会实践。成渝地区双城经济圈的绝大部分高校都注重对创新课程的开发，利用专门的创新能力培养课程，帮助学生提升创新能力。在专业的创新课程培养的同时，高校还能基于国际化先进教育理念，在其他课程教学的过程中有计划地培养高校学生的创新能力，从而使高校学生通过国际化的学习模式提高创新能力。与此同时，高校学生的创新能力在实践过程中也能得到发展。高校学生通过专门的社会实践，能够了解当代中国的社会生产力发展现状，并利用国际化思维，塑造自身的创新能力，从而在今后的工作中，更好地发挥自身创新能力，为中国社会经济的发展做出贡献。

总之，高等教育国际化改革能够提升人才创新能力。通过创新课程教学以及高校社会实践活动，帮助高校学生利用学习实践挖掘其内在的创新潜力，并在当前的学习以及今后的工作过程中利用创新思维，获得个人发展，提高工作效率。这样的高校人才创新能力培养模式是促进我国“大众创业，万众创新”的有效途径，应该实现更为普遍的推广。

三、通过高等教育国际化改革促进我国经济的国际化发展

当前，我国在新发展理念的指导下，积极发挥供给侧改革的杠杆优势，利用“一带一路”倡议，与世界上众多的发达国家、发展中国家展开经贸合作，促进了我国国际地位的提升，展现出了我国“大国担当”的责任感与使命感。

在我国国际化发展的背景下，高等院校不但具备教育职能，而且具有促进经济发展的责任。在“产学研”校企融合发展模式的背景下，如何通过高等教育国际化改革促进我国经济的国际化发展，成为一个热点研究课题。通过高等教育国际化改革，能够借鉴国际新的发展理念，引进国际先进科学技术，借鉴国际优质管理方法，掌握国际范围内的先进知识理论。这样的高等教育国际化改革对于我国经济的国际化发展具有巨大的促进作用。高等教育国际化改革路径见图 1–7。

图 1–7　高等教育国际化改革路径

对于借鉴国际范围内的优质发展理念而言，在我国新发展理念的背景下，利用高等院校的国际化改革，能够将我国的新发展理念与国际上的先进发展理念进行融合，在借鉴国际先进发展理念的基础上，对国际先进的发展

理念进行符合中国当代国情的中国特色转化，促进中国教育以及中国经济的国际化发展。

对于引进国际范围内的先进科学技术而言，通过高等教育的国际化改革，能够通过国际交流与国际技术引进的方式，促使中国高校掌握当今国际范围内的先进科学技术。中国高校对国际先进科学技术的引进，一方面能够促进高校学生掌握可用的实际劳动技能，另一方面能够在“产学研”结合校企融合发展的校企合作过程中，利用国际先进科学技术，创新高校以及合作企业的科研与生产模式。

就借鉴国际范围内的先进管理方法来讲，在高等教育国际化改革的过程中，研究和掌握国际范围内的先进管理方法，基于中国当代经济社会基本的发展模式，有效改良相应的先进管理方法，使得这些先进的管理方法能够适应中国国情，从而实现对国际先进管理方法的中国化创新。利用对国际先进管理方法的中国化创新，能够促使高校学生掌握先进管理理念，从而在日后的工作中利用这样的先进管理方法提升自身的工作能力。在“产学研”结合校企融合发展的背景下，基于中国化创新的国际先进管理方法能够创新院校合作企业的管理理念，基于管理模式的不断完善，提升合作企业的管理能力，从而促进合作企业高质量发展。

掌握国际范围内的先进知识理论，能够创新我国高校的教育模式。在高等教育国际化改革的过程中，我国高校应积极引进国际上的先进知识理论，并基于对国际先进知识理论的中国化改良，提升我国高等院校的教育理论水平及实际教育能力。通过这样对国际范围内先进知识理论的中国特色改良，能够促进我国高等院校在知识理论创新的基础上，提升办学质量及科研水平，将我国高等院校发展成具有促进经济国际化发展价值的高质量院校。

杜德斌等在《高校科技国际化：国际经验与中国的实践》中指出：“随着科技全球化的深入发展，科技创新已成为经济社会发展的决定性力量，成为维护国家安全和保障国家利益的关键要素，国家之间的竞争正日益转向以科技创新为基础的综合较量，国际科技合作和科技外交正逐步成为大国外交和国际博弈中的重要筹码。高校具有人才多、外部人脉广、国际交流频繁等综合优势，因而成为许多国家和地区参与科技全球化、开展国际科技合作和科技外交的重要主体和依靠力量。”[①] 由此可见，我国高等教育改革与创新的

① 杜德斌，张仁开，龚利，等．高校科技国际化：国际经验与中国的实践（教育部科学技术委员会战略研究重大专项）[M]. 北京：中国人民大学出版社，2015:1.

目的在于提升我国的国际竞争力，促进国际科技合作，培养国际化人才。

就培养国际化人才而言，我国高等院校应在国际化改革的基础上，创新人才培养模式，利用国际先进的人才培养理念，结合“立德树人”根本任务的落实，培养德智体美劳全面发展的人才，提升高校人才的专业技术能力与创新思维能力，促使更多高校人才成为能够推动经济国际化发展的高素质人才。

总之，我国高等院校在国际化改革的基础上，应创新科研模式，使我国高等院校的科研工作更加符合当代国际环境与中国经济的发展需要，以高等院校的科技、科研创新提升高等院校的科研及社会价值，提升我国高等院校对促进中国经济国际化发展的价值。

第三节　成渝地区双城经济圈高等教育国际化改革的需求研究

一、成渝地区双城经济圈对高素质人才的需求缺口巨大

黄佳祯、许强、魏瑶在《成渝经济圈经济效率评价与治理研究》中指出：“经济圈又称大城市群、城市群集合、大经济区、大都会区或都会区集合，是于20世纪90年代开始渐多出现的中文地域经济用语。城市经济圈不仅是一国经济的核心区域，同时也是世界经济的重心区。大都市圈的形成与发展是现代交通和通信条件下人口、资金、物资、技术、信息高度集聚的必然结果，也是经济全球化和区域经济一体化背景下城市化发展的大趋势。我国经济圈的发展经历了均衡性区域经济发展战略、倾向性的区域经济发展战略和协调性发展战略三个阶段。经济圈在保持国民经济持续健康发展、促进区域经济一体化、促进城镇化战略的实现方面均产生了较大的作用。”①

随着成渝地区双城经济圈的快速发展，其高素质的人才需求缺口充分体现出来。成渝地区双城经济圈的经济发展潜力巨大，经济发展活力突出，经济发展质量较高。在新发展理念下，成渝地区双城经济圈的经济发展对于高素质人才的需求缺口巨大，急需在各个发展领域中引入高素质人才，从而促进成渝地区双城经济圈经济由高速度发展模式转变为高质量发展模式。

① 黄佳祯，许强，魏瑶. 成渝经济圈经济效率评价与治理研究[M]. 北京：中国经济出版社，2019:3.

《2019年新型城镇化建设重点任务》明确将成渝城市群与京津冀城市群、长三角城市群、粤港澳城市群并列。但是成渝地区双城经济圈的经济发展在我国四大经济圈中较落后，产业发展水平与其他三大经济圈还具有一定的差距。对于提升成渝地区双城经济圈的经济发展质量，人才起到了决定性作用。成渝地区双城经济圈要想实现高质量发展，就必须在各大产业中引进大量的高素质人才，利用人才优势，提升成渝地区双城经济圈的发展动力。

对于成渝地区双城经济圈的人才需求现状而言，无论是第一产业、第二产业还是第三产业，都具有巨大的高素质人才缺口。成渝地区双城经济圈对高素质人才的引进应当成为成渝地区双城经济圈经济发展的重点，构建完善的成渝地区双城经济圈人才引进以及人才培养模式，从而使更多的高素质人才参与到成渝地区双城经济圈经济发展中。只有提高成渝地区双城经济圈人才的整体素质，才能够增强成渝地区双城经济圈核心竞争力，提升成渝地区双城经济圈的经济发展质量。因此，成渝地区双城经济圈高校要积极发挥教育的作用，利用高等教育国际化改革，补齐成渝地区双城经济圈的人才资源缺口，更好地促进成渝地区双城经济圈的经济发展。

高等院校的毕业生是主要的高素质人才来源。通过高等院校的国际化改革，能够提升高校毕业生的综合能力，促进成渝地区双城经济圈在经济发展的过程中，发挥人才的作用。

在成渝地区双城经济圈的高校国际化改革过程中，应以为成渝地区双城经济圈经济发展培养高素质人才为基础，培养学生适应成渝地区双城经济圈经济发展现状的实际就业能力以及创业能力。其中包括培养学生的就业意识、工作能力、职场人际关系处理能力以及良好的工作态度等。高素质人才职业素养构成见图1-8。

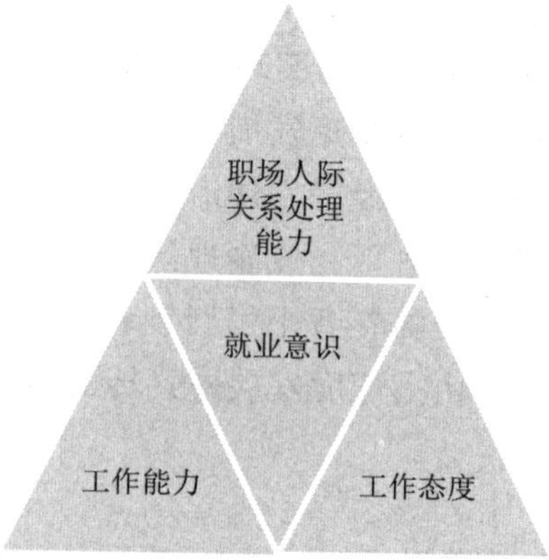

图1-8 高素质人才职业素养构成

对于培养就业意识而言，在高等教育国际化改革的基础上，应使高校毕业生积极加入具有较强发展潜力的企业，使毕业生就业选择时，不仅在乎企业提供薪资的多少，更加注重企业的发展潜力，努力实现企业与自身协同发展。同时，毕业生也应该具有法律意识，避免人才进入具有非法经营风险的企业，而在加入合法企业的过程中，也需要依法签订劳动合同，从而为职业发展提供完善的保障。

对于工作能力而言，经历了高等教育国际化改革的高校毕业生往往具备了良好的专业技能，并在具体工作中根据实际的生产需要，持续提升专业技能，从而更好地满足成渝地区双城经济圈经济发展需要。当然，人才的工作能力不仅在于专业技能方面，也包括了人才的思维能力。成渝地区双城经济圈所需的高素质人才应当积极发挥自身的创新思维，创新与完善工作方法，从而提升工作效率，提升成渝地区双城经济圈企业的核心竞争力与企业发展质量。

对于职场人际关系处理能力而言，企业发展离不开和谐的企业内部人际关系，成渝地区双城经济圈所需求的高素质人才必须具备职场人际关系处理能力，通过与领导及同事的工作合作，建立和谐的企业人际关系。具体而言，高素质人才的职场人际关系处理能力首先体现在获得领导认同，通过对工作任务的出色完成，获得领导赏识。同时，良好的企业人际关系还离不开同级别同事的合作与相处。高素质人才通过与同事的积极合作，获得同事的信任，并在日常的相处过程中，与同事成为朋友，从而建立起良好的企业人际关系。

对于工作态度而言，高素质人才要以实现中华民族伟大复兴的理想信念，提升自身工作的积极性，认识到中国特色社会主义市场经济背景下的就业与创业都对我国社会经济发展具有促进作用，应保持良好的工作态度，成为成渝地区双城经济圈乃至国家发展需要的关键性高素质人才。

总而言之，虽然成渝地区双城经济圈的人才需求缺口巨大，但是高校人才在高等教育国际化改革的背景下，能够利用自身具备的国际化理念以及工作能力，为成渝地区双城经济圈的经济发展做出自己的贡献。我们相信在未来的成渝地区双城经济圈高等教育国际化改革过程中，能够通过政府、高校、企业与社会的合力，弥补成渝地区双城经济圈的高素质人才缺口，促进成渝地区双城经济圈的经济发展。

二、高等教育国际化改革能够提升成渝地区双城经济圈的经济发展质量

在新发展理念的背景下，成渝地区双城经济圈的经济发展正在经历着

一场深刻的变革，从环境透支式发展转变为可持续发展，从高速度发展转变为高质量发展。在成渝地区双城经济圈发展模式转变的过程中，高等院校应结合成渝地区双城经济圈经济发展特点及社会发展需要，利用高等教育国际化改革，提升成渝地区双城经济圈的发展质量。这样的成渝地区双城经济圈高等教育改革能够体现出成渝地区双城经济圈高校对成渝地区双城经济圈可持续发展的促进价值，促使成渝地区双城经济圈的经济向更为合理的方向发展，同时解决就业、民生、环保等社会重点关注问题，促使成渝地区双城经济圈的经济发展模式更为完善。

然而成渝地区双城经济圈与京津冀、粤港澳大湾区、长三角等其他区域还是具有一定差距的。李群、王宾、曾诚在《中国西部地区经济社会跨越式发展路径选择》中指出："随着世界经济的发展和现代化进程的不断推进，经济全球化使国家之间的竞争变得越来越激烈，对于经济相对落后的国家和地区而言，如果不能抓住机遇加速发展，则将会在与发达国家和地区的竞争中处于不利的地位。一方面我国仍然属于不发达国家，另一方面由于历史、自然地理、社会文化等多方面的原因，西部地区一直都是我国的不发达地区，因此其面临的形势更加严峻。缩小与发达国家和地区之间已存在的差距，实现西部地区经济社会跨越式发展，已经成为中国西部地区发展的重要课题。实施西部跨越式发展战略，不仅仅意味着西部经济的快速发展，更关系着整个社会的稳定、民族的团结以及地区之间的协调发展。"① 为了提升成渝地区双城经济圈的发展效能，使成渝地区双城经济圈实现跨越式发展，高等教育国际化改革应发挥关键性作用。成渝地区双城经济圈高等院校要在为成渝地区双城经济圈培养人才的基础上，积极开展学校科研工作，并且进行科研成果转化，将成渝地区双城经济圈高等院校的科研成果转化为提升成渝地区双城经济圈经济发展质量的先进生产力。高等教育国际化改革应从经济发展理念创新、专业技术和科研能力提升、学生综合职业素质提升三大方面入手，发挥高等院校国际化优势，促使成渝地区双城经济圈的发展由高速度发展模式转变为高质量发展模式。

在经济发展理念创新的过程中，成渝地区双城经济圈的高等院校应借鉴国际上的先进经济发展理念，并结合我国的国情，进行符合成渝地区双城经济圈经济发展特点的发展理念创新。将传统的成渝地区双城经济圈经济发展

① 李群，王宾，曾诚．中国西部地区经济社会跨越式发展路径选择 [M]. 北京：中国社会科学出版社，2015:3.

模式转变为注重第一、第二产业提升，积极支持第三产业发展的创新性发展模式。在提升装备制造业生产力的基础上，发展成渝地区双城经济圈的现代化物流产业，促进成渝地区双城经济圈的互联网经济发展，从而为成渝地区双城经济圈的发展理念及发展模式的转变，提供良好的区域经济发展基础。

对于专业技术和科研能力提升而言，高等院校的国际化改革能够使高等院校借鉴国际先进科学技术，并结合中国产业领域技术现状及社会主义市场经济发展的特点，开展院校科学研究工作。当前我国成渝地区双城经济圈的高等院校专业技术和科研能力不断提升，并且通过“产学研”校企融合的模式，将成渝地区双城经济圈高等院校的科研成果投入合作企业的市场化运用，从而为成渝地区双城经济圈的经济发展提供了有力的科研支撑。在成渝地区双城经济圈高等院校开展专业技术科研的过程中，高校对国际先进技术的中国化改进十分重视，在成立成渝地区双城经济圈高校联盟的基础上，根据成渝地区双城经济圈的科学技术需求，进行对国际先进科学技术的研究，从而实现了高等院校的国际先进技术中国化改进，并且利用高等院校的科学研究成果转化机制，促进成渝地区双城经济圈的经济高质量发展。

在培养学生综合职业素质方面，成渝地区双城经济圈的高等院校，发挥其国际化人才培养作用，提升人才培养质量，为成渝地区双城经济圈的区域经济发展提供了很多具备创新能力以及专业技术的高素质人才。通过高等教育国际化改革，使具备国际化素养的高校毕业生积极发挥自身创业、创新优势，为成渝地区双城经济圈的区域经济高质量发展提供重要的人力基础，体现出高等教育国际化改革对成渝地区双城经济圈经济发展的促进作用。高等教育国际化改革步骤见图 1–9。

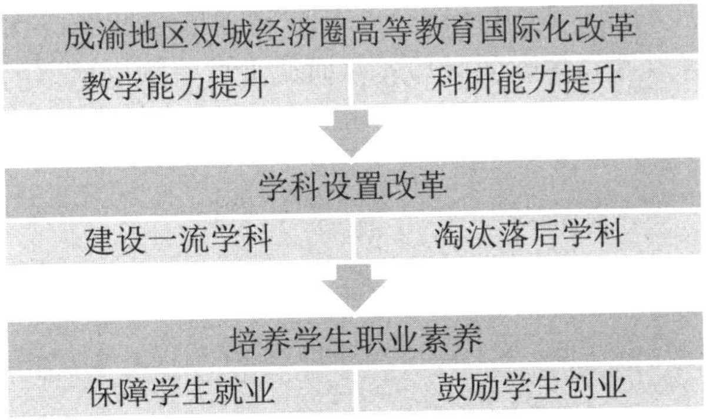

图 1–9　高等教育国际化改革步骤

从总体上来讲，高等教育国际化改革是提升成渝地区双城经济圈经济发展质量的重要因素。通过高等教育国际化，体现出高等院校的理论研究价值、技术科研价值、人才培养价值，促使成渝地区双城经济圈的高等院校成为推动成渝地区双城经济圈经济发展的重要动能。在新发展理念下，成渝地区双城经济圈的高等院校要完善自身办学基础，开展国际化的院校合作交流，利用“产学研”校企融合发展模式提升成渝地区双城经济圈的核心竞争力、基础生产力，从而为成渝地区双城经济圈的经济带来更符合国际化先进发展理念的发展突破。

成渝地区双城经济圈的高等教育国际化改革还应体现出中国特色，将国际上的先进经济发展理念，结合中国国情以及成渝地区双城经济圈的区域经济发展现状进行改良与创新，利用具有中国特色的管理理念、生产技术，促进成渝地区双城经济圈经济发展。

在供给侧结构性改革背景下，成渝地区双城经济圈高等院校需要调整学科设置，利用符合供给侧结构性改革的学科建设，提升成渝地区双城经济圈的经济发展效能，同时淘汰不符合供给侧结构性改革的落后学科，将高等院校的教育力量集中到符合改革方向的先进学科中，从而通过科学的学科建设，为成渝地区双城经济圈经济发展做出贡献。

总而言之，成渝地区双城经济圈高等教育国际化改革需要对成渝地区双城经济圈的区域经济协调发展产生关键性的促进作用。利用成渝地区双城经济圈高校育人模式的更新、完善，为成渝地区双城经济圈培养高素质、专业化、复合型、应用型人才，同时通过成渝地区双城经济圈高校的科研成果转化，提升成渝地区双城经济圈高校的整体生产动能，引导学生就业、创业，在创造、创新方面，走在中国城市群发展的前端。此外，通过“产学研”融合发展的模式，促进成渝地区双城经济圈高等教育国际化改革的成果转变为合作企业的发展动能，利用合作企业与成渝地区双城经济圈高校的协同发展，为成渝地区双城经济圈的区域经济协调发展贡献出更多的新动能。

第二章　成渝地区双城经济圈高等教育国际化改革的现状

第一节　成渝地区双城经济圈高校国际化改革力度加大

一、成渝地区双城经济圈高校国际化改革受到了高度重视

“中共中央政治局（2020年）10月16日召开会议，审议《成渝地区双城经济圈建设规划纲要》。中共中央总书记习近平主持会议。会议指出，当前我国发展的国内国际环境继续发生深刻复杂变化，推动成渝地区双城经济圈建设，有利于形成优势互补、高质量发展的区域经济布局，有利于拓展市场空间、优化和稳定产业链供应链，是构建以国内大循环为主体、国内国际双循环相互促进的新发展格局的一项重大举措。”[①] 由此可见，中央对成渝地区双城经济圈发展具有全面的战略布局，注重以新发展理念促进成渝地区双城经济圈经济的高质量发展，从而使成渝地区双城经济圈成为我国西南地区经济发展的火车头，带动我国西南地区的经济全面发展，从而促进全国经济高质量发展。

成渝地区双城经济圈的高校国际化改革也受到了国家与社会的高度重视。在成渝地区双城经济圈的高等院校中，四川大学、电子科技大学、西南交通大学、四川师范大学、重庆大学、西南大学、四川外国语大学等都已经建立了国际化学科发展研究模式。重庆大学与四川大学主导建立了成渝地区双城经济圈高校联盟，吸收了绝大多数成渝地区双城经济圈高校加入。在高校合作的过程中，促进了成渝地区双城经济圈各高校的科研交流、人才交流。通过对成渝地区双城经济圈的高校国际化改革重视程度的提升，能够集合政府、社会、企业、群众的力量，帮助成渝地区双城经济圈高校进行国际

① 新华网.中共中央政治局召开会议，审议《成渝地区双城经济圈建设规划纲要》，中共中央总书记习近平主持会议[EB/OL].[2020-10-16].http://www.xinhuanet.com/politics/2020-10/16/c_1126620405.htm

化改革，从而通过高等教育国际化改革催生出成渝地区双城经济圈经济发展的原动力。成渝地区双城经济圈高等教育国际化改革的外部支持见图 2–1。

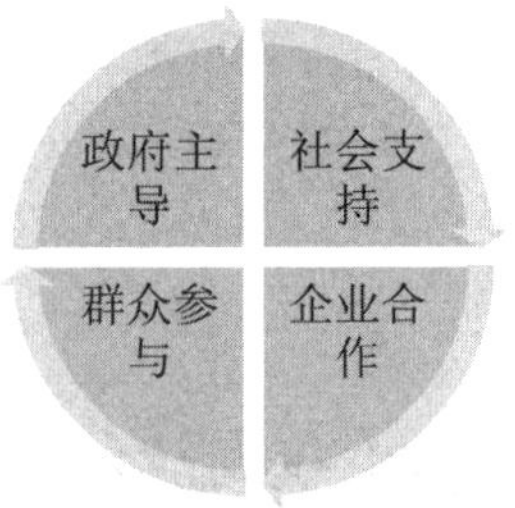

图 2–1　成渝地区双城经济圈高等教育国际化改革的外部支持

在政府层面，成渝地区双城经济圈的教育部门积极为高等教育国际化改革提供政策支持，促进成渝地区双城经济圈高校展开国际化合作，引进先进的国际科学技术。成渝地区双城经济圈的商业管理部门为高等院校与企业合作提供相应的政策支持，促进成渝地区双城经济圈“产学研”校企融合发展。成渝地区双城经济圈的财政部门为成渝地区双城经济圈高校提供了大量的国际化改革资金与贷款，并在成渝地区双城经济圈开展“产学研”校企融合发展的过程中提供了相应的税务减免政策以及贷款资金支持。这些政府支持的举措体现出政府对于成渝地区双城经济圈高等院校国际化改革的重视。

在社会层面，成渝地区双城经济圈的各个社会组织都积极与成渝地区双城经济圈的高等院校进行国际化改革的合作。例如，成渝地区工商联，积极参与到成渝地区双城经济圈高等教育国际化改革过程中，利用工商联的社会力量，促进成渝地区双城经济圈校企融合发展。成渝地区双城经济圈的妇联，也高度关注成渝地区双城经济圈高等院校的国际化改革，利用对女教师、女学生的培养和鼓励，积极发挥妇女在高等教育国际化改革中的作用，提升了成渝地区高等院校国际化改革的效果。

在企业层面，成渝地区双城经济圈高等院校与相关的企业进行了充分的“产学研”校企融合发展，企业更加重视高等院校基于高等教育国际化改革为企业提供的先进管理理念以及先进生产技术。在“一校多企”“一企多校”的“产学研”校企融合发展过程中，构建了成渝地区双城经济圈的良好校企融合发展环境。在企业配合成渝地区双城经济圈高校的国际化改革过程中，成渝地区双城经济圈企业为高校提供了丰富的生产设备、生产科研场所、毕业生及实习生工作岗位，促进了成渝地区双城经济圈高校将国际化改革的创新与进步转化为实际的一线生产力，发挥了成渝地区双城经济圈企业对高校国际化改革的支持作用。

在群众层面，成渝地区双城经济圈的人民群众对高等教育改革相当支持。在高校国际化改革需要群众参与的时候，成渝地区双城经济圈群众积极为高校国际化改革提供帮助。对于学生家长而言，他们大多非常支持子女通过高校的国际化改革，提升国际化的理论知识素养、学科专业技能、创新能力，帮助学生完成学业，并为具有创业意向的高校毕业生提供资金与创业资源的支持。通过群众对成渝地区双城经济圈高校国际化改革的支持可以看出，成渝地区双城经济圈高校国际化改革是一个全社会的重要课题，得到了成渝地区双城经济圈众多人民群众的积极支持。

此外，国际高校也对成渝地区双城经济圈的高校国际化改革相当重视，并提供了充分的学术合作支持。例如，重庆大学成立了专门的国际合作与交流处，与法国巴黎政治大学、韩国成均馆大学、英国伦敦大学、新加坡国立大学等国际知名院校展开了中长期的国际院校科研合作。通过成渝地区双城经济圈高等院校与国际知名大学展开国际合作，能够提升成渝地区双城经济圈高校的学术科研能力与国际影响力，提升成渝地区双城经济圈高等教育国际化改革的效率与质量。

总之，在当今我国政府、社会、企业、群众以及国际高校都对成渝地区双城经济圈的高等院校国际化改革高度重视，并已经形成了支持高等教育国际化改革的社会观念。成渝地区双城经济圈的高等院校国际化改革不仅对成渝地区双城经济圈的区域经济协调发展具有重要的作用，还能提升成渝地区双城经济圈人民的生活质量，促进毕业生就业、创业，更新城市群发展理念，促进成渝地区双城经济圈企业在生成新动能的基础上，提升企业的市场竞争力与生产力，从而全面提升成渝地区双城经济圈的经济发展质量。对于国际院校合作而言，成渝地区双城经济圈高校与世界先进大学展开学术合作，能够在提升成渝地区双城经济圈高校的国际化改革水平基础上，促使世界各国加深对成渝地区双城经济圈高校的认识，在提升成渝地区双城经济圈高校国际影响力的同时，促进成渝地区双城经济圈高校的“双一流”发展，为成渝地区双城经济圈建设更多世界一流的高校，促使成渝地区双城经济圈高校为成渝地区双城经济圈的经济发展贡献出更多的力量。

二、部分成渝地区双城经济圈高校已经建立了完善的国际化改革教育模式

成渝地区双城经济圈高等教育国际化改革能够提升成渝地区双城经济圈高校的办学实力，并且以人才培养机制的更新为基础，增强成渝地区双城

经济圈高校的科学研究力量，积极开展“产学研”校企融合发展。在成渝地区双城经济圈的众多高校中，部分高校已经建立了完善的国际化改革教育模式。完善的国际化改革教育模式包括国内外院校间积极的国际交流、国际化先进技术的引进与改良、利用国际化先进思想教育学生、高校国际化技术产能转换这四个基本方面。成渝地区双城经济圈高等教育国际化改革的教育模式见图2-2。

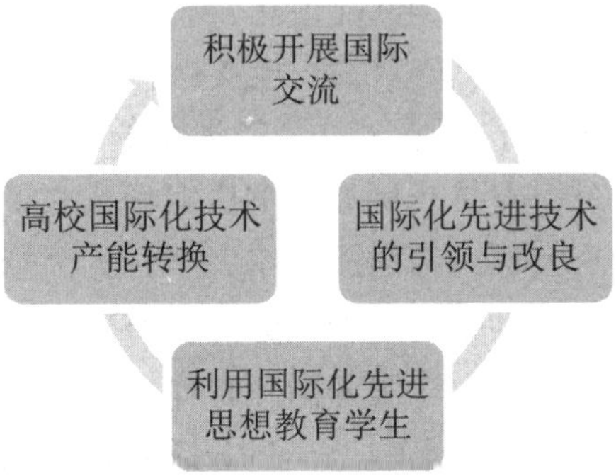

图2-2　成渝地区双城经济圈高等教育国际化改革的教育模式

（1）对于国内外院校间积极的国际交流而言，杜德斌、张仁开、龚利等在《高校科技国际化：国际经验与中国的实践》中指出：“从全球范围看，当代高校科技国际化的发展呈现新趋势和新特点，突出表现为：国际化战略日趋成为高水平高校科技发展的共同选择，高校日益成为一国或地区参与国际科技竞合的重要力量，人才跨国流动成为高校科技国际合作的重要内容，跨国高校科技交流合作的深度和领域不断拓展，发达国家与发展中国家高校科技合作增长迅速。这些新的趋势和特点，既构成了我国高校推进科技国际化的时代背景和全球环境，也为我国高校提升科技国际化的水平和质量、充分利用全球科技创新要素增强核心竞争力提供了重要启示和参考。”[①] 由此可见，国内外院校间积极的国际交流主要是发达国家与我国院校的科学技术交流。部分成渝地区双城经济圈高校通过与世界一流高校的科技交流，提升了自身的教学、科研能力，并提升了成渝地区双城经济圈高校的国际影响力。在与世界先进高校展开国际高校交流的过程中，很多成渝地区双城经济圈高校专门建立了国际交流部门，如上文提及的重庆大学成立了专门的国际合作与交流处。高校利用高校国际合作部门的驱动，与世界先进大学展开科研合作及管理模式、理论等方面的

① 杜德斌，张仁开，龚利，等．高校科技国际化：国际经验与中国的实践[M]．北京：中国人民大学出版社，2015:1.

交流与学习，将国际化高校合作带来的成果用于教学过程中，能够培养学生国际化思维，提升学生专业技能，提升成渝地区双城经济圈高校的教育水平与教育质量。因此，国内外院校间积极的国际交流对建立完善的国际化改革教育模式尤为关键，通过国际院校交流，能够促使外国高校了解成渝地区双城经济圈高校的现状及优势，并且为外国院校介绍中国的成功经验，同时借鉴外国院校的成功国际化发展经验，促进国内外高校取长补短。

（2）对于国际化先进技术的引进与改良而言，国际院校合作，以及与外国先进企业的产业交流能够提升高校的科研能力，进而帮助高校研究出具有产业创新与提升价值的核心技术。部分成渝地区双城经济圈高校在国际化先进技术的引进与改良过程中，能够通过引进国际先进技术，进行“产学研”校企融合发展中的二次创新，将世界先进技术结合成渝地区双城经济圈的实际市场与生产需要进行改良升级，提升企业的生产力，并在学生实习过程中，教育学生掌握相关的先进技术，达到提升成渝地区双城经济圈高校教育质量的目的。

（3）对于利用国际化先进思想教育学生而言，当代大多数成渝地区双城经济圈高校都在课程设置上进行了基于国际化改革的全面创新，将很多国际上先进的专业（如现代化物流管理专业）以及先进的课程（如物联网电子商务运用课程）引入高校的教育中。与此同时，成渝地区双城经济圈大部分的高校教师也基于高等教育国际化改革，丰富教学方法，增加了分组讨论、教学辩论、多媒体教学、案例教学等国际先进教学方法，从而帮助学生提高学习能力，培养学生的创新思维，促进学生获得更好的学习效果。

（4）对于高校国际化技术产能转换而言，大部分的成渝地区双城经济圈高校都已经开展了“产学研”校企融合发展。“产学研”校企融合模式下的科技成果运用能够在帮助合作企业提升生产力的基础上，将国际化的先进生产技术与生产管理理念转化为生产动能，从而促进成渝地区双城经济圈的高校合作企业实现高质量发展。此外，通过校企融合发展，还能够帮助参与企业生产实习的学生获得当今一线的生产技术，提高学生的职业素养，在实现高校国际化技术产能转换的基础上，提高基于实践的高校教育质量，促使学生提高工作技能。

例如，四川大学于 2021 年提出了“赴俄乌白专业人才培养计划”，人才培训周期为 24 ~ 60 个月（可包含一年的语言学习），学位标准为博士学位标准。将四川大学的研究生派往俄罗斯、乌克兰、白俄罗斯进行博士学位的学习，能够在促进四川大学国际化改革的基础上，加强国际交流，帮助四川大学的研究生学习俄罗斯、乌克兰、白俄罗斯的先进技术、创新思维、理论知识、管理理念，进一步完善四川大学的国际化教育模式。

在“引进来”的同时，成渝地区双城经济圈高校还要积极地“走出去”，基于与国际院校的合作交流，将中国文化、中国思维、中国理论、中国制度、中国技术等推荐给外国大学生，让他们了解中国特色社会主义进入新时代以来的发展成果。这样的“走出去”能够促使国际高校学生产生对中国文化的学习兴趣，成为中外合作发展的积极参与者。

总之，在部分成渝地区双城经济圈高校已经建立了完善的国际化改革教育模式的基础上，成渝地区的高校应引进国际先进知识及生产技术，输出具有中国特色的文化、知识，从而在“引进来”和“走出去”相结合的高校国际化改革中，提升成渝地区双城经济圈高校的育人能力，培养出更多的高素质国际化人才。

三、大多数成渝地区双城经济圈高校具备良好的国际化改革动力

在当前成渝地区双城经济圈高校发展的大环境中，大多数成渝地区双城经济圈高校都具备良好的国际化改革动力。高校国际化改革动力主要包括提升高校学科建设水平、提升高校国际影响力、提升高校育人水平、提高“产学研”校企融合发展质量四个方面。高校国际化改革动力见图 2-3。

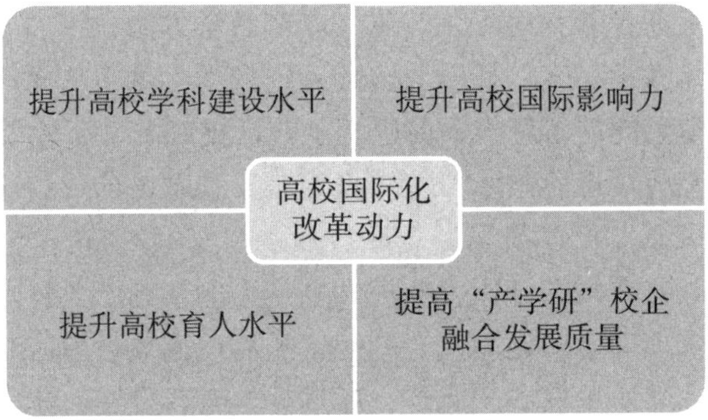

图 2-3　高校国际化改革动力

（1）对于提升高校学科建设水平而言，在成渝地区双城经济圈高校创造发展新动能的背景下，高校应以“世界一流学科”建设为目标，提升高校学科建设水平，促使高校学科体现出更高的人才培养价值。在高等教育国际化改革的过程中，成渝地区双城经济圈高校的学科建设要适应国际教育潮流以及成渝地区双城经济圈经济发展的特点，从而让高校的学科能够满足社会对

国际化人才的需要，提升成渝地区双城经济圈高校学科建设水平。例如，四川大学的“口腔医学”学科是一门“世界一流学科”，并在近期的学科教学评估中获得了 A+ 的评分。推动四川大学“口腔医学”学科获得良好发展的动力就是四川大学积极借鉴国际范围内先进的口腔医学技术，并且根据中国人口腔病的特点，提高“口腔医学”学科的理论水平及实践价值，从而为成渝地区双城经济圈乃至全国、全世界培养出大量的“口腔医学”专业人才。

（2）对于提升高校国际影响力而言，成渝地区双城经济圈高校利用国际交流，将我国高校的先进技术、中华优秀传统文化传播到全世界范围内。提高高校的国际影响力是促进高等教育国际化改革的关键动力，通过高校国际影响力的提升，能够让全世界人民了解中国文化与中国技术。在高等教育国际化改革的背景下，中国高校不仅要将国际先进理念、先进技术“引进来”，还应该使中国的先进技术、成功发展模式以及中国的传统文化“走出去”，以此助力成渝地区双城经济圈高校的国际化改革与发展，提升成渝地区双城经济圈高校的国际影响力。

（3）对于提升高校的育人水平而言，通过高等教育国际化改革，应促进成渝地区双城经济圈高校整体提升育人水平。在育人方面，高校应注重提高学生的思想道德水平，在“立德树人”基础上，引入国际范围内的先进教学模式，提升学生的综合能力。为了提升高校的育人水平，高校还应引进国外先进专业技术，利用对人才的专业技能培养以及“产学研”校企融合培养，促使高校人才获取关键的专业技术和能力，成为成渝地区双城经济圈乃至全国、全世界经济发展中的关键人才。

（4）对于提高“产学研”校企融合发展质量而言，高校与合作企业的产业合作能够催生出成渝地区双城经济圈高校的国际化发展动力。通过“一校多企”以及“一企多校”的校企融合发展，建立起成渝地区双城经济圈“产学研”校企融合网络。成渝地区双城经济圈的校企融合国际化发展应在运用国际化高校科研理念的背景下，开展学校科研成果的企业型转化，对国际先进企业管理理念进行借鉴及革新，从而提升成渝地区双城经济圈经济发展质量。

四、成渝地区政府对高校国际化改革的支持加强

在成渝地区双城经济圈高校国际化改革过程中，政府对高校国际化改革的支持加强，形成了注重国际化发展、注重高校科研成果转化、注重国际一流学科建设、注重发挥高校育人价值的成渝地区高校国际化改革的新格局。

2020年“7月1日，四川省教育厅与重庆市教育委员会举行推动成渝地区双城经济圈建设教育协同发展工作联席会议第二次会议暨签约仪式。成渝双城实行‘双一流’高校共建共享，并建立课程互选、学分互认机制，争取国家在两地增投研究生、本科生招生计划；双方还将通过共同构建成渝高校协同发展平台，开展‘双一流’学科联建，合作共建创新平台，打造国际化引才平台，实施博士后联合培养计划，协同实施人才计划（工程），开展人才双向互聘交流，联合共建专家团队，联合举办重大人才交流活动，推动人才发展政策协同创新、人才资质互认和服务共享、人才发展体制机制重大改革等，实施聚才平台共建工程。”① 由此可见，成渝地区双城经济圈高校国际化改革应以建设“双一流”大学为方向，利用国家的政策支持，建设具有中国特色的国际一流大学。

在国家支持的基础上，成渝地区双城经济圈各级政府部门也都为成渝地区双城经济圈高校的国际化改革提供了重要的政策支持。在成渝地区双城经济圈高校联盟的基础上，促进成渝地区双城经济圈高校合作、校企合作、国际化合作，促使成渝地区的高校基于合作、分享、互助，提升自身学科建设、科研成果转化、“产学研”校企融合发展、人才就业和创业质量。成渝地区双城经济圈地方政府在高校国际化改革的过程中，增强“四个意识”，坚定“四个自信”，做到“两个维护”，并积极倡导成渝地区双城经济圈高校进行科研成果转化，从而更好地促进成渝地区双城经济圈经济发展。

在政府政策扶持下，成渝地区双城经济圈高校联盟积极响应政府号召，落实“立德树人”根本任务，以国际化改革为主体，积极开展高校的“双一流”建设，并在“产学研”校企融合发展的过程中帮助成渝地区双城经济圈企业获得先进管理理念以及生产技术。例如重庆大学大数据与软件学院，他们与微软（中国）公司、微软亚洲研究院、IBM（中国）公司、Intel（中国）公司、金蝶软件（中国）公司、东软软件股份有限公司、中软总公司、江苏昆山软件园、重庆市西永微电子产业园等知名IT企业或园区建立了战略合作关系，在合作办学、人才培养、合作研究和学生实习实训等方面进行全方位合作。该学院与企业、园区合作，建立了一批研发中心、实验室以及学生实习实训基地等，通过“产学研”校企融合发展，基于研发中心、实验室、学生实习实训基地的建设，促进学校科研成果转化，培养学生专业能力。

① 搜狐网．国家重要战略布局！成渝高校要崛起了[EB/OL].[2020-10-22].https://www.sohu.com/a/426576518_372475.

在校企合作过程中，重庆大学大数据与软件学院开设了重庆大学微软创新中心，利用计算机语言的科研交流、合作创新，研发出了大量具有市场创新价值的新软件，并将重庆大学微软创新中心研发出的新软件在全球市场推广。这一尝试得到了重庆市政府、工商局、教委的支持，其在提供政策便利的基础上，向重庆大学微软创新中心提供了资金支持，从而促进了重庆大学微软创新中心的可持续发展。通过这个案例，我们可以看出，我国高校的国际化改革与发展离不开政府的大力支持，以国际合作为核心的高校国际化改革有利于提升高校的科研能力，并且进行科研成果转化。

成渝地区双城经济圈教委积极支持成渝地区双城经济圈高校联盟的国际化交流，教委牵头，组织重庆大学、四川大学等成渝地区双城经济圈高校联盟院校与美国斯坦福大学、美国麻省理工学院、英国牛津大学、英国剑桥大学、新加坡国立大学、丹麦哥本哈根大学等世界一流大学开展了充分的学术交流互动，还聘请美国、德国、英国、日本、法国等发达国家的教师前往成渝地区双城经济圈高校联盟中的高校进行学术报告。教委的支持促进了成渝地区双城经济圈高校联盟的国际化发展，从而能够更好地建设“双一流”大学，促使成渝地区双城经济圈高校联盟成为中国高等教育国际化改革的试点，促进我国高等教育国际化改革发展，达到整体提升我国高等教育质量的目的。

此外，成渝地区双城经济圈各级政府还要求成渝地区双城经济圈高校在国际化改革的过程中突出“中国特色”，以中国的优秀传统文化为基础，体现出文化自信，教育学生传承和发扬祖国优秀传统文化，使学生的文化素养得到提升；要求成渝地区双城经济圈高校国际化发展不照搬国际先进高校的科研、管理理念与技术，而是要在体现中国特色的前提下，将国际先进管理理念与科学技术转化为适合中国国情与成渝地区双城经济圈区域发展现状的新理念与新技术，从而保障成渝地区双城经济圈高校的国际化改革取得良好的效果。

总之，我国政府对成渝地区双城经济圈高校国际化改革的支持加强，并且注重成渝地区双城经济圈高校通过国际化改革，促进成渝地区双城经济圈的区域经济协调发展。特别是成渝地区双城经济圈政府以供给侧改革为纽带，以促进“一带一路”倡议发展为目标，积极支持成渝地区双城经济圈高校的国际化改革与发展。成渝地区双城经济圈高校利用政府相关部门提供的公共管理资源，不断深化国际合作，推进“产学研”校企融合发展，将更多的成渝地区双城经济圈高校发展成“双一流”高校。在“双一流”高校的建设过程中，成渝地区双城经济圈高校应以落实“立德树人”根本任务为基础，促进国际学科及产业合作，利用国际化发展理念，建设“世界一流大学”与“世界一流学科”，提升成渝地区双城经济圈高校的国际竞争力与产能转化能力，真正将成渝地区双城经济圈高校打造成世界领先的“双一流”大学。我们相信，通过政府支持，更多的成渝地区双城经济圈高校能够成为“双一流”大学，通过高等教育国际化改革的产能转化，为成渝地区双城经济圈区域经济的协调发展乃至全国经济的高质量发展贡献力量。

第二节　高校国际化改革已经成为推动成渝地区双城经济圈经济发展的新动能

一、成渝地区双城经济圈高校对产业科研贡献巨大

成渝地区双城经济圈高校的科研成果转化以及“产学研”校企融合发展都促进了成渝地区双城经济圈尖端科技的发展。

在成渝地区双城经济圈高校科研中，一方面开展“产学研”校企融合，另一方面与政府合作开展“十四五”科研项目的研究，从构建城乡区域协调发展格局、推进成渝毗邻地区功能平台建设、现代基础设施网络、增强科技创新能力、深化改革开放五个方面，展开相关的产业科学研究，取得了可喜的成果。成渝地区双城经济圈高校对于产业科研的贡献见图 2-4。

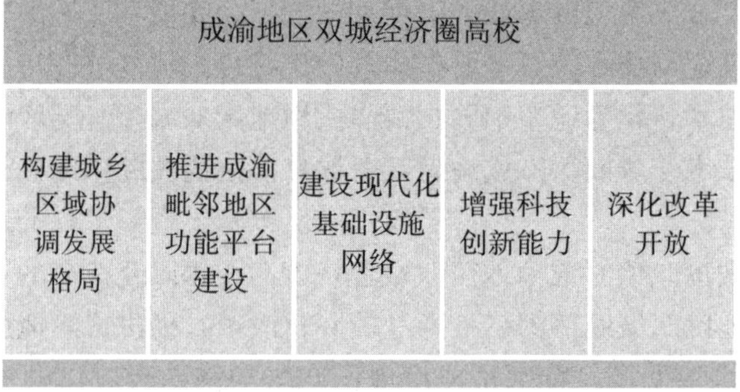

图 2-4　成渝地区双城经济圈高校对于产业科研的贡献

（1）对于构建城乡区域协调发展格局而言，成渝地区双城经济圈高校的产业科研能够促进成渝地区双城经济圈区域协调发展，为成渝地区乡村开发

研究出先进的农业生产技术、农机技术、农业产品网络销售平台等，从而构建城乡区域协调发展格局。

（2）对于推进成渝毗邻地区功能平台建设而言，其起点是先进的交通网络构建。成渝地区双城经济圈高校在科研过程中，对于国产大飞机、新能源汽车等先进交通工具进行了充分的科学研究，并已经将相应的研究成果转化为成渝地区双城经济圈的多所机场建设及新能源汽车产业的发展。成渝地区双城经济圈高校的现代化物流产业科学研究能够帮助成渝地区双城经济圈构建现代化物流网络，从而为推进成渝毗邻地区功能平台建设提供物流基础。在推进成渝毗邻地区功能平台建设的过程中，通过成渝地区双城经济圈高校的产业科研、成渝毗邻地区的产业发展特点进行分析，并研究如何合理分配成渝地区双城经济圈的产业资源，推动成渝地区双城经济圈企业面向毗邻地区进行纵深化发展，从而建立起成渝毗邻地区功能平台。

（3）对于建设现代基础设施网络而言，成渝地区双城经济圈高校通过科研，对现代化通信、物流、电子商务、园林建设、商业服务、供水供电服务等都进行了深入的科学研究，并在高校与政府合作的过程中将这些研究成果转化为公共服务发展成果，从而帮助成渝地区政府建设现代基础设施网络。这样的高等院校与政府合作的公共管理科研创新项目对促进社会发展，提高人们生活水平，具有重要意义。

（4）对于增强科技创新能力而言，成渝地区双城经济圈高校基于学术创新，在院校的科研领域中突出教师素养提升与人才能力培养的重要性，引进国内外先进科研成果，创新院校科研发展模式，研究出具有创新性的科研成果。成渝地区双城经济圈高校利用“产学研”融合模式，与合作企业进行充分的科研成果转化，从而使成渝地区双城经济圈高校的科研创新能力转化为成渝地区双城经济圈的一线生产力，构建具有创新意义的校企融合发展模式。

（5）对于深化改革开放而言，成渝地区双城经济圈高校根据新时代背景下我国对外开放的特点，以“一带一路”倡议为依托，开展院校科研，并利用院校科研的国际化合作，促进成渝地区双城经济圈高校与国际先进高校以及专家的科研合作交流。“科学技术是第一生产力”，在深化改革开放的过程中，成渝地区双城经济圈高校以科研国际化合作，提升了中国高校在世界范围内的影响力，并且促进了“一带一路”倡议的发展。例如，2021 年 4 月 16 日下午，英国驻华教育文化公使包迈岫一行访问重庆大学，与重庆大学的领导就教育交流、考试合作等事宜进行了交流座谈。这样的国际交流能够加深中英两国高等教育的相互理解和交流，对深化教育改革开放具有重要的意义。

总之，成渝地区双城经济圈高校科研能力的提升对成渝地区双城经济圈的科技产业发展正在发挥着不可替代的作用。成渝地区双城经济圈高校的科学研究以及科研成果转化有利于推进成渝地区双城经济圈城乡融合发展，促进成渝地区双城经济圈物流产业、装备制造业、基础设施建设、网络经济、国际化科研交流等的发展。基于成渝地区双城经济圈高校科研能力的提升，促进成渝地区双城经济圈高校成为具有“双一流”院校实力的国际化先进院校，并利用“产学研”校企融合、政府合作，将成渝地区双城经济圈高校的科学研究成果转化为生产力以及公共管理新动能。

二、成渝地区双城经济圈高校毕业生的国际化素养对工作能力的提升作用显著

高等教育的首要任务是为社会培养人才，通过高等教育国际化改革，能够培养学生的国际化素养，使学生在创业、就业过程中获得良好的职业发展。高等教育国际化改革一方面要加强成渝地区双城经济圈高校的育人能力，基于对“立德树人”根本任务的落实，回答培养什么人、为谁培养人、怎样培养人的根本教育问题；另一方面要在促进高校人才专业化发展的基础上，实施“双一流”建设，促进成渝地区双城经济圈高校的专业教育水平提升，为社会培养出大量的专业技能型人才。在成渝地区双城经济圈高校国际化改革的背景下，高校人才培养能力不断提升，成渝地区双城经济圈高校毕业生已经成为成渝地区双城经济圈中基础的人才资源，利用自身的国际化工作理念及专业技能，促进成渝地区双城经济圈的经济发展。而高校辅导员队伍建设是构建高校国际化人才培养模式的基础。李天友、杨胜君、庞国伟在《高校学生工作研究与实践》中指出：“四川大学化学工程学院一直致力于加强学生思想政治辅导员队伍建设，把握时代发展脉搏，着力加强辅导员研究能力的培养和提升，努力提高辅导员队伍的综合素质和工作能力，全力打造一支可持续发展的创新研究型辅导员队伍，力争为培养社会主义合格建设者和接班人做出贡献。”[①] 这体现出了四川大学化学工程学院先进的人才培养模式，并且充分肯定了辅导员在高校人才培养中发挥的专业性作用。

① 李天友，杨胜君，庞国伟．高校学生工作研究与实践 [M]. 成都：四川大学出版社，2015:2.

成渝地区双城经济圈高校辅导员应积极落实“立德树人”根本任务，以社会主义核心价值观为指导，开展理想信念教育、革命传统教育、中华优秀传统文化教育以及爱国教育等，在促进学生德智体美劳全面发展的基础上，突出“德才兼备，以德为先”的教育目的。同时，高校辅导员应积极发挥高校党建工作优势，慎重、合理地吸收一批先进的学生入党，从而提升高校党建质量。只有这样，才能促使高校毕业生在今后的职业发展过程中不会偏离初心和使命，成为具备优秀道德品质的专业劳动者。

在高校学科建设方面，成渝地区双城经济圈高校基于“世界一流学科”建设标准，通过高等教育国际化改革，促进课程改革，使课程能够满足成渝地区双城经济圈的人才市场需求以及全国乃至全世界范围内的人才需要。在成渝地区双城经济圈高校学科建设中，应淘汰落后学科，建立创新性学科，结合新时代、新发展对人才的需要，构建国际化人才培养模式。例如，四川大学在人才培养的过程中，发挥教师的“传、帮、带”作用，基于口腔医学、中国汉语言文学、马克思主义理论、数学、化学等学科建设，促进学生健康发展，培养学生的工作能力，使高校毕业生具备良好的道德素养以及较强的工作能力，在自身实现良好职业发展的同时，为成渝地区双城经济圈乃至全国、全球的经济发展做出贡献。

成渝地区双城经济圈高校毕业生为推动成渝地区经济发展起到了重要作用。相关数据显示，2020 年成渝地区双城经济圈高校毕业生的就业率已经达到 87%，创业率达到 3.5%。虽然有很多选择创业的高校毕业生经历了创业失败的挫折，但是大多数高校毕业生通过自己努力及学校、政府、社会的协助，实现了成功创业。可以说成渝地区双城经济圈高校毕业生大部分都实现了成功就业与创业。在这样的背景下，成渝地区双城经济圈高校毕业生利用自身的专业技能，为企业的发展以及自身创业、创新带来持续的动力，成为成渝地区双城经济圈区域经济发展过程中一股不可忽视的力量。

成渝地区双城经济圈企业对高校毕业生的素养要求中，首要的素养就是敬业素养，其次是专业技能，最后是职场人际关系处理能力。这三种基本素养对毕业生的就业与创业发挥着关键作用，并且都在成渝地区双城经济圈高校教育中得到了体现。毕业生能够基于这三种素养，成为企业的骨干员工，或者成为“大众创业，万众创新”大潮中的弄潮儿。成渝地区双城经济圈的高校毕业生应利用自身敬业素养、专业技能、职场人际关系处理能力，就业或创业，通过自身的国际化素养，促进成渝地区双城经济圈经济的国际化发展，帮助目标企业实现生产力的发展。

对于学生敬业素养培养而言，成渝地区双城经济圈很多高校在教育教学过程中注重利用国际先进的案例，为学生展示敬业对从业者的重要性，并基于社会主义核心价值观培养学生的敬业素养。在成渝地区双城经济圈高校毕业生的职业发展过程中，良好的敬业素养能够帮助他们提升自身的职场竞争力，获得优质的职业发展。

对于学生专业技能培养而言，大多数成渝地区双城经济圈高校基于国际化改革，引进国际先进的科研、生产技术，锻炼学生具备国际化水平的专业技能，从而在就业过程中更好地为企业提供国际化技术支持，促进企业生产力的发展以及企业生产模式的转型升级，真正体现出成渝地区双城经济圈高校毕业生的专业工作能力。

对于学生职场人际关系处理能力培养而言，成渝地区双城经济圈很多高校都设置了职场人际处理关系相关课程，借鉴国际先进的职场人际关系处理经验，帮助学生学会与职场的同事和谐相处，培养学生与同事合作的意识，使毕业生在企业工作过程中能够充分利用自身的职场人际关系处理能力，积极团结同事，达到提升工作效率的目的。

总之，成渝地区双城经济圈高校毕业生的国际化素养对高校毕业生工作能力的提升具有重要作用。成渝地区双城经济圈高校培养出了一大批具备国际化素养、品学兼优的高校毕业生。在成渝地区双城经济圈高校人才培养过程中，注重敬业素养、专业技能、职场人际关系处理能力的培养，从而提升高校毕业生的工作能力和职业素养。他们的职业素养的提升对促进成渝地区双城经济圈经济发展发挥着不可替代的作用。在今后成渝地区双城经济圈高校发展过程中，应基于高等教育国际化改革，培养学生的职业能力和国际化素养，从而使毕业生具备较强的工作能力，促进相关企业的高质量发展，提升企业核心竞争力与国际化发展水平。

三、成渝地区双城经济圈高校国际化改革促进了产业转型升级

在成渝地区双城经济圈的国际化发展过程中，高校的国际化改革最为关键，对促进成渝地区双城经济圈产业转型升级发挥着重要的作用。在当今世界新冠肺炎疫情以及“百年未有之大变局”背景下，我国的产业转型升级突破重重困难，获得了经济发展水平的逆势上扬，其中高校的国际化改革功不可没。正如肖钢在《中国资本市场变革》中所说：“进入 2020 年，一场突如其来的‘新冠’疫情在全球蔓延，世界经济和社会生活一度几乎陷入停摆

的困境，全球经济遭受历史上罕见的严峻挑战，各种逆全球化思潮、民粹主义、保护主义进一步兴起，给世界经济发展和国际政治经济治理带来巨大的不确定性。中国经济已深度融入国际经济，不可能独善其身，但也面临百年未有之大变局，需要深刻把握我国发展的历史方位和时代特征，抢抓新一轮科技革命与产业革命的机遇，积极参与全球产业分工布局重塑和价值链重构。为此，就必须坚持市场化改革和高水平开放，加快经济增长模式转型，增强经济发展动力与活力，释放经济长期发展潜力。正是在这样的背景下，《中共中央 国务院关于构建更加完善的要素市场化配置体制机制的意见》正式颁布，涉及土地、劳动力、资本、技术和数据等多个生产要素，涉及面之广，改革力度之大是前所未有的。”① 在这样的国际发展困境下，中国政府基于新发展理念，利用供给侧结构性改革，在以扩大内需为主的市场转型升级过程中，取得了令全世界瞩目的经济发展成就。在此过程中，成渝地区双城经济圈高等院校的国际化改革发挥了不可替代的作用，利用国际化的“产学研”校企融合发展模式，提升企业产能，利用先进的国际化市场发展理念，挖掘我国内需潜力，实现了扩大内需的市场转型，并结合高校学科的调整，设置了符合成渝地区双城经济圈经济发展需要的众多新兴专业学科，以此带动了成渝地区双城经济圈市场经济的转型升级。

成渝地区双城经济圈高校的国际化改革，还能帮助成渝地区双城经济圈进行经济资源调整，通过高校的社会调研，淘汰成渝地区双城经济圈落后产能，发挥新能源、新媒体、现代化物流、装备制造业的社会生产力提升价值，利用国际化的发展思维，促使成渝地区双城经济圈的区域经济结构更为合理，也更加适应国际化发展。

当前，成渝地区双城经济圈的企业虽然面临着巨大的发展阻力，但是通过“产学研”校企融合的发展模式，能够实现企业的生产经营模式转型升级，利用高校提供的先进技术提升企业生产力，利用高校引入的国际化管理模式提升企业的管理水平，利用高校的实习生与毕业生，满足企业对高素质人才的需求，从而使成渝地区双城经济圈企业获得全方位的生产、经营水平提升，实现新发展理念下的企业转型升级。

例如，2015 年，位于广汉市小汉镇的四川德博尔制药有限公司与四川大学华西药学院余蓉教授合作致力生物医药酶制剂联产产业化，优化了四川得博尔制药公司的产能结构，目前已改建多酶联产生产线一条，至 2016 年

---

① 肖钢 . 中国资本市场变革 [M]. 北京 : 中信出版集团 , 2020:2.

已经产出50余吨高标准胰酶及其他酶类。这样的校企合作提升了制药企业的生产能力，将四川大学华西药学院的科学研究成果转化为促进企业转型升级以及提升生产力的强劲动能，体现出成渝地区双城经济圈高校对合作企业转型升级的促进作用。在促使合作企业获得利润的同时，完善了合作企业的经营模式，使企业在未来得到更好发展。

在成渝地区双城经济圈高校国际化改革背景下，与高校合作的企业应当积极为合作高校提供生产设备、资金支持、实习生及毕业生工作岗位、“产学研”研发基地，为“产学研”结合背景下的校企科研合作提供更大的便利。相关企业应为高校教授、专家提供国际化科学研究的便利，使高校教授、专家顺利开展科学研究工作。成渝地区双城经济圈“产学研”校企融合发展模式见图2-5。

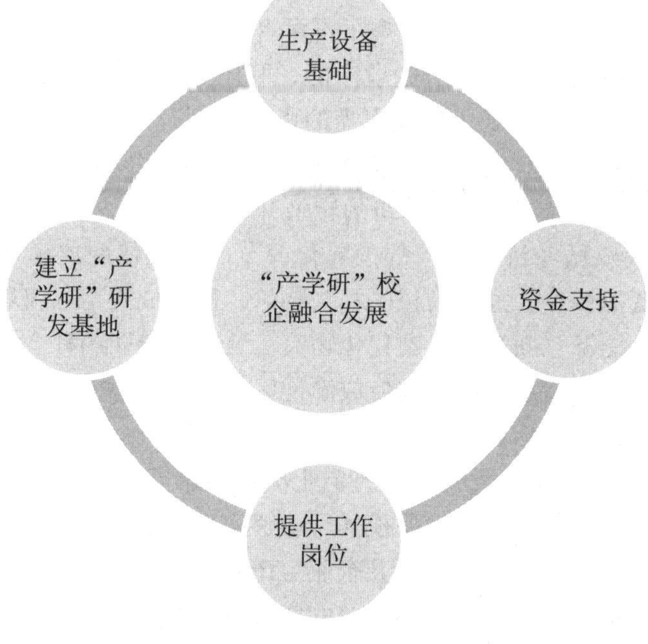

图2-5　成渝地区双城经济圈“产学研”校企融合发展模式

为了更好地通过高等教育国际化改革，实现成渝地区双城经济圈企业的突破性发展，政府部门还应为“产学研”模式下的校企融合发展提供更多的便利，促进相关企业在国际化转型升级的过程中为成渝地区双城经济圈带来经济发展的动力，为社会提供更优质的产品、服务、就业岗位，提升成渝地区双城经济圈企业的国际化转型升级效果。

此外，在成渝地区双城经济圈企业转型升级的过程中，成渝地区双城经济圈高校应积极引导相关企业展开国际交流，拓展国际市场，促进企业面向国际发展，利用企业的国际化业务，扩大企业的经营范围，促进企业高质量发展。

总之，在成渝地区双城经济圈企业转型升级的过程中，“产学研”校企融合发展对提升企业生产力、增强企业优势、发挥科研成果转化价值都具有重要作用。为了使高等教育国际化改革助力企业的转型升级，成渝地区双城经济圈高校应基于自身院校的学科设置特点，与对应的企业展开校企合作，帮助企业更好地适应当今我国的供给侧结构性改革，发挥企业国际化管理优势，将企业打造成具有国际化发展能力以及国际化影响力的优质企业。

第三章　外国经济社会对成渝地区双城经济圈高校国际化改革的借鉴价值

一、重视通过高校国际化改革促进经济发展

高校的国际化改革与经济发展息息相关，是推动经济发展的重要原动力，在教育、人力资源、科研等方面，高校的国际化改革都对经济发展具有促进作用。在成渝地区双城经济圈高校国际化改革的过程中，应利用高校国际化改革成果，促进成渝地区双城经济圈的经济发展，真正发挥高校国际化改革的作用。在成渝地区双城经济圈经济发展过程中，高校不仅发挥着“产学研”关键作用，还肩负着为成渝地区双城经济圈培养高素质人才的使命，利用育人模式的更新，提升高校人才培养模式的专业性、复合性、应用性价值。具体来说，成渝地区双城经济圈高校要根据成渝地区双城经济圈经济发展需要，培养出一批适应经济发展大环境、具备高素质的专业技能型人才，还要培养出一批具备过硬理论素养以及管理能力的管理型人才，培养出一批具备全面能力的“复合型人才”，从而使这些人才在成渝地区双城经济圈经济的发展过程中发挥人力资源优势，提升成渝地区双城经济圈经济发展质量。

为了更好地通过高校国际化改革，促进成渝地区双城经济圈的经济发展，成渝地区双城经济圈高校还应开展对国际范围内成功发展案例的研究工作，对于一些国际知名企业发展成功模式进行研究，探讨其经验是否适合促进成渝地区双城经济圈的经济发展，遴选出其中可以借鉴的先进发展模式，并对其进行符合成渝地区双城经济圈区域经济发展现状的改良，从而为成渝地区双城经济圈企业提供兼具国际化与中国特色的先进经济发展模式。在此过程中，成渝地区双城经济圈高校还应在国际交流的基础上，选派骨干教师前往合作国家进行进修，学习和借鉴国际范围内的先进经济发展模式与企业管理方法，在之后的“产学研”校企融合发展过程中，为企业带来国际化的先进企业管理理念、先进的企业运营模式。

高校国际化改革的根本在于学习和借鉴国际先进管理理念、国际先进科研技术、国际先进生产技术、先进的企业运营模式，再将这四个要素进行符

合中国特色的改良与创新，从而达到“为我所用”的目的。高校国际化改革途径见图 3–1。

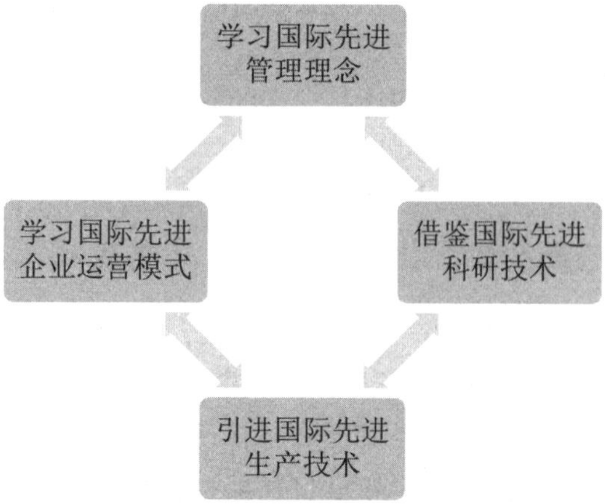

图 3–1 高校国际化改革途径

对于借鉴国际先进管理理念而言，在成渝地区双城经济圈高校的国际化改革过程中，应充分发挥国际先进管理理念的借鉴与改良价值，促进合作企业创新管理方法、管理模式，降低企业管理成本，培养出一批具备国际化发展理念的企业管理者，通过企业管理的国际化改革，推动成渝地区双城经济圈的经济发展。

对于借鉴国际先进科研技术而言，成渝地区双城经济圈高校不能一味地照搬国际先进科研技术，应在与外国知名院校开展国际院校合作的基础上，一方面借鉴国际先进科研技术，另一方面自主研发中国技术，并根据成渝地区双城经济圈乃至中国的科学技术发展需要，对国际先进科研技术进行改良与创新，使新技术能够适应成渝地区双城经济圈乃至中国的经济发展需要，为成渝地区双城经济圈的企业提供科研技术支持。

对于引进国际先进生产技术而言，成渝地区双城经济圈企业应积极引入国际先进生产技术，实现产能提升。成渝地区双城经济圈高校应通过国际“产学研”交流，掌握装备制造业的国际先进技术，并结合中国的装备制造业发展现状，为装备制造企业引进国际先进生产技术，以此促进成渝地区双城经济圈装备制造业的产能提升。

对于学习国际先进的企业运营模式而言，成渝地区双城经济圈高校应在国际交流基础上，引入 MBA（工商管理硕士）学科，培养具备国际理念的高端企业管理人才。例如，在四川大学商学院的 MBA 教育过程中，引进通过管理类联考的考生，并利用相关的国际化工商管理课程，培养 MBA 学员的国际化企业管理能力。这些通过管理类联考的学员，大多数是成渝地区双城经济圈内以及国内的企业中高层管理者，通过对国际化工商管理模式的学习，可以在日后的企业管理过程中借鉴国际先进企业管理经验，不断改良企业管理模式以及管理方法。同时，成渝地区双城经济圈高校还应基于本科教育，培养具备国际化工商管理素养的管理人才，促使他们在日后的工作中能够利用国际先进管理理念，帮助企业完善运营模式。

综上所述，在成渝地区双城经济圈经济发展过程中，成渝地区双城经济圈高校应积极借鉴国际先进管理理念、国际先进科研技术、国际先进生产技术、先进的企业运营模式，将国际化先进理念与技术进行具有中国特色的改良，并结合成渝地区双城经济圈经济发展现状，充分发挥“产学研”校企融合发展的作用，为成渝地区双城经济圈的经济发展提供具有国际化特点的新动能。

二、鼓励以高校国际化创新为主体的科学技术研发

科学技术的研发离不开国际化理念，更离不开创新思维。在当今“大众创业，万众创新”的背景下，科学技术研发，已经成为高校的重要使命。高校的科学技术研发能够提升社会生产力水平。在高等教育国际化改革的背景下，国际化创新成为成渝地区双城经济圈高校的国际化发展责任。成渝地区双城经济圈高校需要基于高等教育国际化改革契机，提高国际化办学能力，从而以国际化的标准展开人才培养、科学研究以及“产学研”校企合作。同时，成渝地区双城经济圈高校基于高等教育国际化改革，根据对成渝地区双城经济圈经济现状乃至全国经济发展情况的分析，选择能带来经济收益的科学研究项目，通过科学研究项目的谨慎选择，明确成渝地区双城经济圈高校国际化创新科学研究的方向，促使科学研究成果更便捷地转化为实际的生产力。

成渝地区双城经济圈高校的国际化改革关键在于创新，构建以创新为主题的科学技术研发模式，从而更好地提升高校科学研发能力。在科学技术研发过程中，成渝地区双城经济圈高校要找准自身的定位，利用高校优质学科的科学技术研发，研发出具有创新价值的科学技术或生产资料。陈强、鲍悦华、常旭华在《高校科技成果转化与协同创新》中指出：“高校拥有丰富的科技、信息、人才资源，随着科教兴国和人才强国战略深入推进，高校科技创新能力显著提升。据统计，60% 以上的国家实验室和国家重点实验室设在高校，近 80% 的国家自然科学基金项目和 60% 的‘973’计划项目由高校承

担，70% 左右的国家自然科学奖和技术发明奖由高校主持完成。可以认为，高校已成为国家知识创新体系的主力军、技术创新体系的生力军。”① 成渝地区政府为以重庆大学、四川大学为主导的成渝地区双城经济圈高校联盟投入了大量的科技研发资金，并赋予了成渝地区双城经济圈高校联盟众多关键性的科研课题，这体现出成渝地区政府对高校科技研发的重视。

成渝地区双城经济圈高校国际化科学技术研发有两种内涵：一是利用科学技术研发创新，改进现有国际先进科学技术，使这些先进科学技术更适合中国国情以及成渝地区双城经济圈区域经济发展需要；二是利用国际化的研发理念，提升科学技术研发工作人员的科学研究能力，通过研发模式的创新，提升成渝地区双城经济圈高校的科学技术研发水平。成渝地区双城经济圈高校国际化科学技术研发框架见图 3-2。

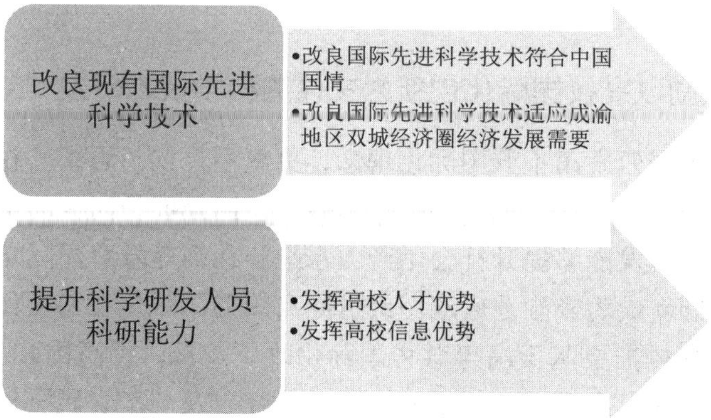

图 3-2 成渝地区双城经济圈高校国际化科学技术研发框架

成渝地区双城经济圈高校的国际化科技研发创新优势首先体现为人才优势。成渝地区双城经济圈高校联盟拥有众多国内外知名教授、专家与博士后，通过他们主导的高校国际化创新科技研发，能够在借鉴国际先进科学技术的基础上，对国际先进科学技术进行符合成渝地区双城经济圈经济发展需要的创新，促进成渝地区双城经济圈乃至全国的科技成果转化，将研发的创新成果转化为成渝地区双城经济圈乃至全国的生产力及先进生产资料。

成渝地区双城经济圈高校科学技术研发优势还体现为信息优势。成渝地区双城经济圈高校联盟的建立实现了成渝地区双城经济圈高校的信息共享。通过成渝地区双城经济圈高校联盟的科学技术研发信息共享，能够构建成渝

① 陈强，鲍悦华，常旭华．高校科技成果转化与协同创新 [M]. 北京：清华大学出版社，2017:3.

地区双城经济圈高校的信息网络。成渝地区双城经济圈高校联盟的信息网络以高校间的线下交流互动为主，以新媒体的线上交流互动为辅，共享高校的科学技术研发资源，从而促进成渝地区双城经济圈高校联盟全部高校的科研创新能力的提升。

成渝地区双城经济圈高校在科学技术研发过程中，应积极研究尖端科学技术在国际领域的发展现状，利用对国际化科学技术的了解，确定这些技术是否符合中国国情以及成渝地区双城经济圈经济发展特点，选择适合中国经济发展需要的国际尖端科学技术，继而进行研发与创新。对于国际化科学技术研发模式创新而言，成渝地区双城经济圈高校的科学技术研发团队应积极引进国际先进的科学技术研发模式，利用研发过程的创新，提升科学技术研发的效率，从而实现科学技术研发创新的价值。

为了鼓励高校专家、教授、学者、博士后等科学技术研发骨干，成渝地区双城经济圈政府及高校应当为这些科学技术研发骨干提供充足的研发资金，并提供具有先进设备的高校科学技术研发实验室以及能够满足研发试验的科学研发物资，通过对专家、教授、学者、博士后等科学技术研发骨干的鼓励及物质支持，调动他们的工作积极性，提升成渝地区双城经济圈高校科学技术研发创新水平。

三、聘请国外教师和企业家进高校讲课

成渝地区双城经济圈高校的师资力量还需要加强。在高等教育国际化改革的背景下，成渝地区双城经济圈高校需要引进具备国际化素养及国际化经验的教师，以此完善成渝地区双城经济圈高校师资队伍。具体而言，高等教育国际化改革不仅体现在办学理念、科学技术方面，也体现在国际化的师资力量交流方面。在当前新发展理念下，我国的高等教育师资力量国际化改革正在如火如荼地开展，通过国际高校教师交流，将国际优秀教师“引进来”，使我国高校的教师“走出去”，使我国高校与国际高校能够相互借鉴办学经验，取长补短，最终获得良好的国际化师资力量交流效果。

在成渝地区双城经济圈高等教育国际化改革的过程中，各高校还可以聘请国际上具有影响力的企业家、经济专家、科研学者作为客座教授，利用“引进来”的高校国际化改革发展战略，促进成渝地区双城经济圈高校的国际化师资队伍建设，提升高校的国际化教学、育人水平。国际企业家、经济专家、科研学者等在高校讲课过程中能够介绍国际成功案例的经验，开拓学生的国际化视野。成渝地区双城经济圈高校国际教师引进模式见图 3-3。

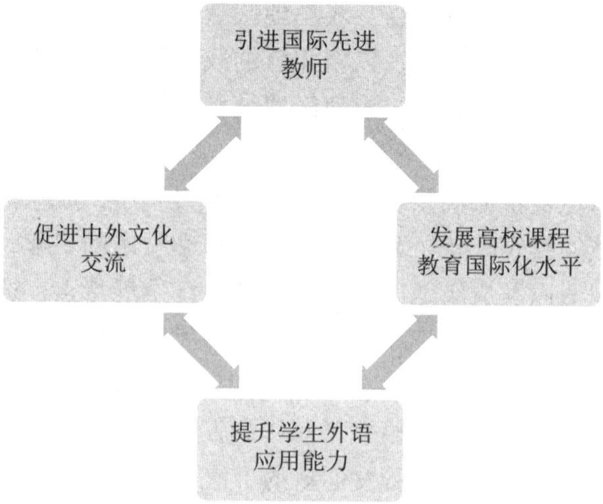

图 3-3　成渝地区双城经济圈高校国际教师引进模式

例如，在 MBA 教育中，成渝地区双城经济圈一些高校聘请了国际知名企业家作为客座教授及论文评审导师，提高了成渝地区双城经济圈高校 MBA 教育的国际化水平。在成渝地区双城经济圈高校聘请了德国、美国、意大利等西方发达国家的企业家作为 MBA 的导师，他们基于自身的企业管理经验，为学生介绍国际化的工商管理知识，并将自身企业发展作为教学案例与学生分享，这样达到了提升 MBA 教育质量的目的。

在重庆大学的对外交流中，重庆大学于 2021 年 4 月 29 日发布了《关于选派推荐学生开展重庆大学 2021 E-Global Bridge 意大利贝加莫大学在线暑期课程项目的通知》，该通知指出："为输送更多我校优秀学生前往国外学习、交流，我校将每年推荐优秀学生参加国外合作院校组织的各类短期学习及文化交流项目，此系列在我校推广时将以 Global Bridge 系列名称推广。在 Global Bridge 系列项目运作中，具体项目由外方大学全权主办，应对方要求，我校负责校内信息发布、面试和提名。"① 由于疫情影响，本次重庆大学 2021 E-Global Bridge 意大利贝加莫大学在线暑期课程采用在线教育的方式，通过以"E-Global Bridge（信息化国际桥梁）"为主的在线国际教育，提升了重庆大学选派生的国际化、信息化学习能力，促进了重庆大学与意大利贝加莫大学的国际学术交流。

对于国际教师的福利待遇问题，应当充分给予保障，让这些以外籍企业

① 重庆大学 . 关于选派推荐学生开展重庆大学 2021 E-Global Bridge 意大利贝加莫大学在线暑期课程项目的通知 [EB/OL].[2021-04-29].http://intex.cqu.edu.cn/info/1027/3953.htm.

家为主的国际高校教师享受良好的福利保障，从而促进他们更加努力地帮助成渝地区双城经济圈高校培养人才。对于国际教师的交流合作，还应以文化交流为主，向他们介绍中华优秀传统文化，促使他们为学生介绍本国家、本民族的传统文化，从而实现国际文化交流。对于国际教师的教学而言，应为国际教师提供教学便利，促使成渝地区双城经济圈高校学生理解国际教师的国际化教学内容。

聘请企业家作为高校教师，能够让这些国际企业家将自身的企业管理经验与企业发展理念介绍给学生，促进学生提升国际化的商业运营素养。除了作为企业家的国际教师之外，这种教育交流，教师能够将国际化教育理念传递给成渝地区双城经济圈高校的学生，让他们能够在接触国际一线的先进理论与生产技术的同时，提升对外交流素养，为自身日后的长远发展奠定坚实的基础。

此外，将以外籍企业家为主的外籍教师聘请为成渝地区双城经济圈高校的国际教师，还能够提升成渝地区双城经济圈高校学生的外语能力。大多数外籍企业家教师在教学过程中都会使用他们的母语教学，学生只有提高外语能力，才能学习到国际教师传授的教学内容。同时，学生还能够利用国际教师的母语，与国际教师展开交流讨论，更好地提升外语口语能力。这在学生日后的国际化发展过程中具有重要的作用，使学生能够利用在国际化课程学习中培养的良好外语能力，获得更多的发展机会，也能够促进学生在未来的成渝地区双城经济圈建设中，利用自身的外语能力，促进成渝地区双城经济圈经济的国际化发展。

总之，高等教育国际化改革离不开师资力量的改革。成渝地区双城经济圈高校聘请以外籍企业家为主，外籍学者、外籍专家、外籍教师为辅的国际教师，应积极挖掘国际教师的教育潜质，促使他们将国际化的管理理念、科研、技术传递给成渝地区双城经济圈高校的学生，达到“引进来”的目的。同时，成渝地区双城经济圈的高校还应对于国际教师开展中华优秀传统文化教育，促使这些外籍教师能够了解和认识中国文化，日后成为国际范围内中国文化的传播者，以此实现“走出去”的国际教师管理目的。成渝地区双城经济圈高校“引进来”和“走出去”的师资力量国际化改革，能够促使学生更好地提升国际化素养，促使成渝地区双城经济圈高校的国际化改革更加深入，适应国际市场发展的需要，实现成渝地区双城经济圈高校教育教学质量的提升。国际化师资力量交流对成渝地区双城经济圈的区域经济发展具有不可替代的促进作用。在未来的成渝地区双城经济圈高等教育国际化改革过程中，国际化师资力量改革必定发挥出更为显著的作用。

四、注重利用高校国际化改革促进创新创业

在成渝地区双城经济圈高校国际化改革过程中，要借鉴发达国家发展经验，利用“大众创业，万众创新”的背景优势，进行学科创新、教育方法创新、教学技术创新、“产学研”校企融合创新，培养学生的创新创业能力，引导有实力和创业理想的学生在毕业之后创业。成渝地区双城经济圈高校国际化改革创新模式见图 3-4。

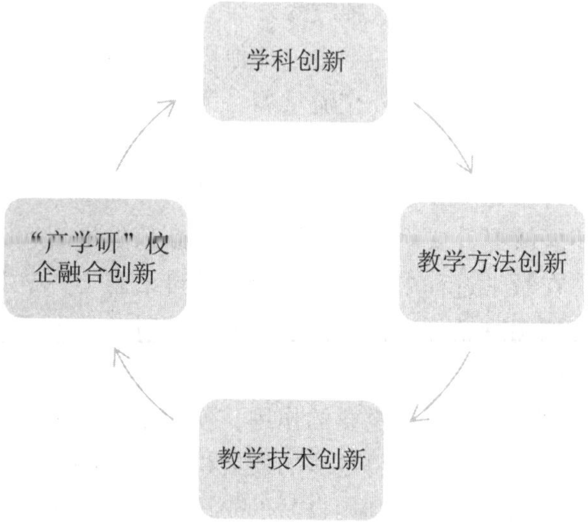

图 3-4　成渝地区双城经济圈高校国际化改革创新模式

对于学科创新而言，成渝地区双城经济圈高校应借鉴国际经验，并根据成渝地区双城经济圈经济发展的特点，创新国际化学科教学内容，将信息化、新能源、环保节能等内容纳入学科设置的范围内，实现学科设置的创新。创新性的学科设置能够使学生获得更加利于自身今后长远发展的热门科学技能，在提升学生创新能力的基础上，促使更多的学生创业。

对于教育方法创新而言，成渝地区双城经济圈高校应基于当前热门的网络教学，开展网络课堂教学，在线上、线下教学相结合的背景下，充分发挥信息技术在教学过程中的优势。此外，新媒体技术在高等教育国际化改革的过程中也能发挥重要的作用。例如，高等院校可以基于本专业或一个班级，建立微信公众号，通过专业或班级的微信公众号，发布教育信息，与学生展开互联网交流。同时，成渝地区双城经济圈高校还应注重对学校“百度贴吧”的管理，选择思想进步、学习优秀、具有网络管理能力的学生作为学校

“百度贴吧”的管理员，从而避免学生在“百度贴吧”煽动不良情绪，将高校的“百度贴吧”建设成具有积极引导作用的学生 BBS（互联网论坛）交流平台。

对于教学技术创新而言，成渝地区双城经济圈高校应充分借鉴发达国家教育发展经验，更新和完善教学技术，在完善多媒体教学平台的基础上，引入基于移动互联网技术的手机直播教学，还可以利用平板电脑教学的模式，激发学生的学习兴趣，促进学生提升学习能力。

对于“产学研”校企融合创新而言，成渝地区双城经济圈高校应借鉴发达国家的先进“产学研”融合模式，与企业合作，建设校企合作实验室，为学生提供一线企业的生产实习及就业岗位，促进学生更好地提升自身的创新能力，为成渝地区双城经济圈经济发展做出更多的贡献。

对于培养学生的创新创业能力而言，成渝地区双城经济圈高校学生的创业能力不可忽视。刘小庆、曹静、王存芳在《大学生创新创业》中指出：“创业的核心是创业者，大学是培养创新创业人才的重要基地，大学生是创业的生力军。麦可思研究院调查编写的《2018 中国大学生就业报告》中指出，2017 届大学毕业生自主创业比例为 2.9%，与 2016 届和 2015 届基本持平。2014 届大学生毕业半年后有 2.9% 的人自主创业（本科为 2.0%，高职高专为 3.8%），三年后有 6.3% 的人自主创业（本科为 4.1%，高职高专为 8.5%），说明有更多的毕业生在毕业三年内选择了自主创业。2013 年以来，国务院多次强调并发文，要求通过多种措施提高大学生的创业率。人力资源和社会保障部在全国实施了大学生创业引领计划，逐步提高高等学校毕业生创业的比例。”① 由此可见，在我国的“大众创业，万众创新”背景下，毕业后选择创业的学生比例持续提升。高等教育国际化改革应在培养学生的创业意识基础上，通过课程教学内容的创新，培养学生的创业能力，让更多学生成功创业。

然而选择创业的学生毕竟是少数，大多数学生需要在毕业后选择到企业就业。在学生就业过程中，学生的创新能力发挥着重要作用。因此，成渝地区双城经济圈高校应注重培养学生的创新能力。教师应鼓励学生在学习过程中善于发现、敢于质疑，培养学生的创新意识和能力。教师还应鼓励学生在学习过程中将理论知识运用于实践，从而在今后的工作中运用自己的专业知识解决工作问题，提高工作效率和工作能力。

① 刘小庆，曹静，王存芳．大学生创新创业 [M]. 北京：人民邮电出版社，2019:3.

在培养学生的专业技术创新能力方面，一是要让学生在学习过程中掌握专业技术，并提出合理化的专业技术创新思路，二是要让学生在对口专业就业之后，根据自己的专业技术创新能力，帮助企业提升生产技术，完善运营模式，从而促进企业发展。

总之，在成渝地区双城经济圈高等教育国际化改革过程中，高校应充分借鉴国外发达国家教育发展经验，注重培养学生的创新创业能力。学生的创新创业能力关乎他们的终身职业发展，成渝地区双城经济圈高校教师要有目的、有意识地培养学生的创业意识以及创新能力，从而为成渝地区双城经济圈经济的可持续发展培养出更多具备良好品格及综合能力的人才。

第四章　我国其他经济圈高等教育国际化改革对成渝地区双城经济圈的借鉴价值

第一节　京津冀经济圈高等教育国际化改革的借鉴价值

一、京津冀经济圈高校的国际化教育理念较为完善

京津冀经济圈主要包括北京、天津两个直辖市，以及河北省的石家庄、唐山、保定、秦皇岛、沧州、张家口、承德、廊坊八个地级市。京津冀经济圈的“双一流”院校主要集中于北京、天津，如北京的北京大学、清华大学，天津的南开大学等高校。在京津冀经济圈高校中，国际化教育理念较为完善，如北京大学成立了北京大学国际合作部，清华大学成立了清华大学国际合作与交流处，南开大学也成立了南开大学国际合作与交流处，等等。清华大学国际合作与交流处于2021年7月主办了“第九届世界和平论坛”。清华大学国际合作与交流处网站发表的新闻中，清华大学主办第九届世界和平论坛，其中指出：“本届论坛的主题为‘后疫情时代的国际安全合作：维护和践行多边主义’。多国前政要、驻华使节、智库负责人将在为期两天的论坛上针对疫情以及逆全球化等新形势下的危机进行讨论，从困难中抓住机遇，提出创造性应对方案，推动国际社会的多领域、多层次合作。日本前首相福田康夫、新加坡前总理吴作栋、阿富汗前总统卡尔扎伊、澳大利亚前总理陆克文、欧洲理事会前常任主席范龙佩、联合国前秘书长潘基文、泰国前副总理素拉杰等出席论坛。70国驻华使馆参加论坛，其中57位驻华使节出席线下论坛活动。来自12个国家的112位智库学者通过线上线下融合方式参与了论坛讨论。”[①] 在这样高级别的京津冀经济圈高校国际合作中，清华大学邀请了各国政要、专家参与对“世界和平”问题的大讨论，可见京津冀经济圈高校的国际化发展程度之高。京津冀经济圈高校具有得天独厚的国际化

① 清华大学国际合作与交流处．清华大学主办第九届世界和平论坛 [EB/OL].(2021-07-03). https://www.tsinghua.edu.cn/info/1173/85558.htm.

合作优势，对于国际合作与教学国际化改革的发展都处于我国前列。此外，京津冀经济圈是我国政治枢纽的核心，以北京为中心，充分发挥首都功能，促进京津冀经济圈能够有效获得相应的区域协调发展。京津冀高校国际化改革框架见图 4-1。

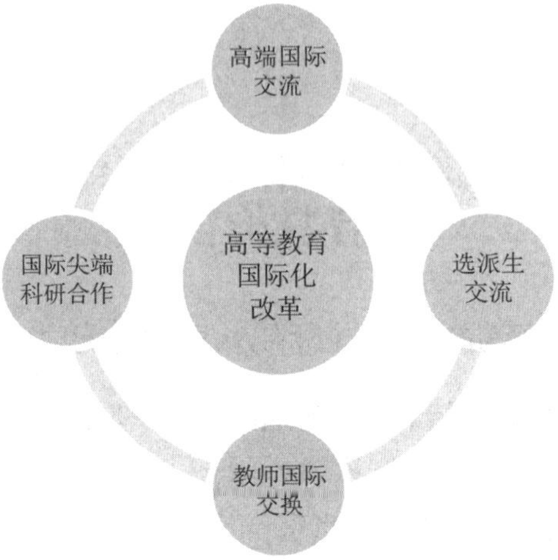

图 4-1 京津冀高校国际化改革框架

在北京大学、清华大学等京津冀经济圈高校中，有很多外国专家担任外教，他们能够利用自身的国际化教学思维，有效地帮助学生了解国际发展形势，促进学生养成国际化思维。京津冀经济圈高校还利用网络授课的形式，邀请麻省理工学院、牛津大学、剑桥大学等世界一流高校学者开展网络授课，使学生获得了世界尖端大学教授的教导，在有效提升自身专业素养的同时，更好地帮助学生发展国际化学习思维。

在建设“双一流”大学的过程中，京津冀经济圈高校充分开展与国际尖端院校的科研合作，利用完善的学校科研实验室，有效开展国际合作背景下的科学研究工作及教学工作。例如，北京大学、清华大学的学生可以在国际化的学校科研实验室中，利用世界尖端技术，在国内外教授的带领下进行相应的科学研究工作，从而培养学生更加具有国际化特点的科学研究能力与更为尖端的专业技能。

在“世界一流大学”以及“世界一流学科”的“双一流”教育理念背景下，仅北京就已经包含了 34 所“双一流”大学，天津包含了 5 所“双一流”大学，河北仅有河北工业大学一所“双一流”大学。由此可见，“双一流”大学在京津冀经济圈中的分布主要集中于北京，天津次之，河北的“双一流”大学建设有待加强。京津冀经济圈“双一流”高校分布不平衡的原因主要是北京市的首都政治特点，国家级别的高校大多集中于北京。同时，北京的高等教育发展历史悠久，早在清朝就已经建立了北京大学、清华大学。经过了百年的发展，北京大学、清华大学已经成为享誉国内外的世界知名大学。在深厚的高校办学基础上，京津冀经济圈高校普遍具有良好的国际化发展意识，各高校也能够凭借京津冀经济圈的地理优势，与世界各国的高端人士展开线上、线下互动交流，从而有效确保京津冀经济圈高校的国际化交流水平，更好地促进“世界一流大学”以及“世界一流学科”的建设。

具体对于学科设置而言，北京大学、清华大学等京津冀经济圈高校积极以国际化理念为引导，设置了相应的具备国际化发展理念的“世界一流学科”。在这些专业学科的引导下，京津冀经济圈高校积极利用教材编写的优势，编写出一大批国际精品教材。教材中充分将国际化理论与实践相结合，对于京津冀经济圈高校学生具有较强的国际化教育意义。在具体的课程教学过程中，京津冀经济圈高校积极倡导国际化教学思维，有效利用实训教学、案例教学的方法，一方面引导学生通过实训教学，掌握国际级别的专业技能；另一方面引用国际成功案例，引导学生了解国际市场经济的发展规律，促使学生养成国际化的发展思维。在教学过程中，如北京大学、清华大学等“双一流”京津冀经济圈高校，还会利用线上教学与线下教学相结合的方式，邀请外国教师，为学生进行国际化的原声授课，在提升学生国际化专业素养的同时，有效地锻炼了学生的外语表达能力。京津冀经济圈高校学生的国际交流也十分频繁，通过引进国外优秀学生作为留学生，保送国内优秀学生作为交换生，从而实现了国际化院校人才交流。同时，京津冀经济圈高校国际化教师交流也十分频繁，以北京大学、清华大学为代表的“双一流”京津冀经济圈高校积极开展国际高教、政府、企业间的国际交流，选派国内先进教师前往国外充当中国籍外教，引进国际优秀教师前往京津冀经济圈高校作为交换外教，形成了一套完善的教师国际交流模式。由此可见，京津冀经济圈高校的国际化教育理念较为完善。

对于成渝地区双城经济圈高校而言，京津冀经济圈高校的国际化发展经验十分值得借鉴。一方面，成渝地区双城经济圈高校应当汲取京津冀经济圈高校的国际交流经验，与国际上的知名高校交流合作；另一方面，成渝地区双城经济圈高校的国际化程度落后于京津冀经济圈高校教学的国际化程度，在未来的成渝地区双城经济圈高校国际化改革中，教学国际化需要成为国际化改革的主要方向。对于成渝地区双城经济圈高校而言，研究京津冀经济圈高校国际化教学的模式，不是要进行照搬，而是要汲取其中适合成渝地区双城经济圈高校运用的经验，进行自主化的高等教育国际化改革。京津冀经济圈与成渝地区双城经济圈具有不同的地缘优势，成渝地区双城经济圈地处我国西南重要的成都、重庆两个大城市范围中，既是我国西南重镇，也是“一带一路”的西南桥梁，应充分发挥优势，不断促进高等教育国际化改革取得实质性进展，从而为祖国的发展与成渝地区双城经济圈的繁荣做出不可替代的教育领域贡献。

二、京津冀经济圈高校的师资力量雄厚

京津冀经济圈高校的师资力量在全国范围内可以说是数一数二的。除了众所周知的北京大学、清华大学、南开大学之外，中国人民大学、北京师范大学、北京邮电大学、天津大学等“双一流”高校也都具备了国内顶尖、国际一流的师资力量。在这样的背景下，京津冀经济圈高校能够凭借着雄厚的师资力量，有效开展科研、教学、校企合作等各项工作，并且确保各项工作取得令人满意的成果。学者宋世杰在著作《职业院校教师队伍发展研究》中指出：“教师是人类历史上最古老的职业之一，也是被视为伟大和神圣的职业之一。《荀子·大略》中提到‘国将兴，必贵师而重傅；贵师而重傅，则法度存’，说明了尊师重教，事关国家兴衰存亡。教师的发展问题，是世界各国的教育改革和教育发展中的核心问题之一。1996 年 4 月，国际 21 世纪教育委员会向联合国教科文组织工作会议总干事马约尔提交了《教育——财富蕴藏其中》研究报告。《教育——财富蕴藏其中》在世界范围内产生了重要影响，被誉为继 1968 年《世界教育危机：系统分析》和 1972 年《学会生存》之后，联合国教科文组织公开发表的最重要报告。在《教育——财富蕴藏其中》的推动下，各国均认识到教师队伍的实力和竞争力一定程度上代表了一个国家教育的竞争力，将直接影响到国家较长一段时期的国际竞争力和国际地位，因此都加快了教师发展的研究、投入和建设。这使教师发展成为目前世界各国教育改革关注的核心领域。”① 从中可以看出，中国自古以来就重视教师的素质问题，在近现代的教育改革过程中，推进高质量教师队伍建设是我国教育改革的重要环节。如今的高等教育国际化改革也应以建设高素质师资队伍为重点，提升教师的教学、科研、育人水平。

京津冀经济圈高校的教师师资力量建设模式十分完善，一方面包括教师的校内继续学习，通过对教师的在职培训，有效地提升教师的教学能力与专

① 宋世杰 . 职业院校教师队伍发展研究 [M]. 长春：吉林人民出版社，2019:4.

业素养。另一方面，通过教师的国内外交流合作活动，加强教师的社会实践能力。

由于京津冀经济圈高校的独特地缘优势，每年都有大量的博士毕业生加入京津冀经济圈高校教师团队，并且发展成为京津冀经济圈高校的骨干教师。在京津冀经济圈高校教师团队中，更是有众多享誉国内外的知名专家、学者，他们坚守高等教育事业，为我国乃至全世界培养出了大批高素质人才。这是京津冀经济圈高校独有的师资力量优势。与此同时，京津冀经济圈包罗了我国绝大多数的中央直属院校，在中央直属院校中，京津冀经济圈的高校教师，都是具备相关学科能力的专家、学者，并且都具有相当丰富的教学经验，这也从侧面体现出了京津冀经济圈师资力量强大的客观原因。京津冀高校师资力量建设模式见图 4-2。

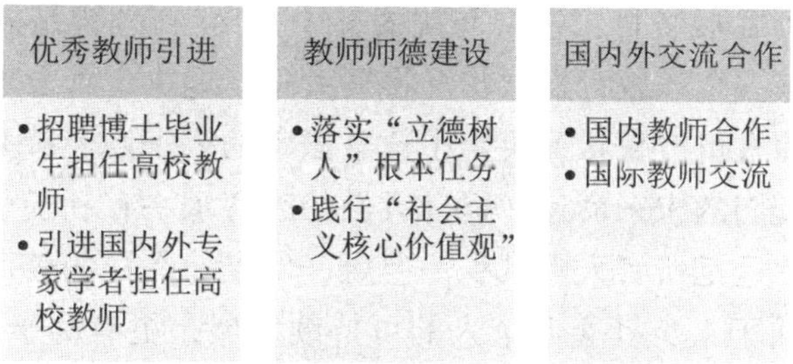

图 4-2　京津冀高校师资力量建设模式

在京津冀经济圈高校师资队伍建设过程中，本着“德才兼备，以德为先”的理念，基于“立德树人”根本任务的落实，加强教师的师德教育。在京津冀经济圈高校教师的师德教育过程中，以“社会主义核心价值观”为导向，充分加强京津冀经济圈高校教师的爱国意识，并通过革命传统教育，促进京津冀经济圈高校教师能够做到“两个维护”；以“四个自信”教育，增强京津冀经济圈高校教师的责任感，从而回答“培养什么人，为谁培养人，怎样培养人”的根本问题。正如北京师范大学已故教育家启功先生所说：“学为人师，行为世范”。

在高等教育国际化改革的背景下，京津冀经济圈高校优越的师资力量条件是成渝地区双城经济圈高校所无法比拟的。但是，成渝地区双城经济圈高校能够在国际化改革的过程中，汲取京津冀经济圈高校先进的师资建设经验，以国际化改革为导向，打造出一个高素质、有能力、有师德的教师团队。

综上所述，成渝地区双城经济圈高校汲取京津冀经济圈高校师资建设的经验，以“立德树人”根本任务为主导，基于“教育优先发展战略”，积极开展教师师德教育。与此同时，为了更好地借鉴京津冀经济圈高校师资力量建设经验，成渝地区双城经济圈高校应主动与京津冀经济圈高校展开院校合作交流活动，通过在线交流及现场交流途径，相互借鉴师资队伍建设经验，从而提升成渝地区双城经济圈高校的师资队伍建设水平。成渝地区双城经济圈高校还应进一步完善高校教师职称评审体系，从而更好地为教师解除后顾之忧，安守高等教育岗位，从而促使成渝地区双城经济圈高校实现高质量发展。

三、京津冀经济圈高校的国际化改革意识较为强烈

京津冀经济圈高校国际化改革意识较为强烈。我国自恢复高考以来进行了多次教育改革，并且取得了令人瞩目的成就。中国教育发展智库秘书长李春玲在《可持续发展教育：进展与挑战》中指出：“教育是人类社会可持续发展的重要内核。全球教育发展状况将极大程度地决定着未来世界的发展进程，一个国家的人口教育状况决定了这个国家的未来发展潜力，个人的教育状况则会影响人们的未来命运。提升人们的教育水平有利于全球、国家和个人的综合发展，这是所有人的共识。但是，发展什么样的教育、如何发展教育，才能更有利于人类社会和个人的可持续发展，更有利于促进社会公平、和谐、稳定发展，这就是可持续发展教育所要解答的问题。”① 在京津冀经济圈高校中，可持续发展教育的国际化水平不断提升，利用国际上先进的教学理念，结合“中国特色”的育人思维，形成了京津冀经济圈高校特有的“思想中国化，专业国际化”的可持续发展教育特点。“思想中国化”体现出了京津冀经济圈高校教育的“文化自信”，基于“立德树人”根本任务，积极落实“教育优先发展战略”，为社会主义培养可塑之才。“专业国际化”则是在专业课教学的过程中，积极引入国际先进技术及先进理念，促使京津冀经济圈高校专业教育的质量获得根本上的提升，并能够使京津冀经济圈高校学生获得能够在未来就业过程中的必备品格与关键能力，真正体现出了京津冀经济圈高校的高素质育人价值。

纵观整个中国的高等教育国际化改革，京津冀经济圈高校的国际化改革意识较为强烈，一方面在国内外开展院校交流基础上，有效促进信息共享；另一方面在引入国际先进技术及外籍教师的过程中，切实提升学校教学、科研的国际化水准。通过上述京津冀经济圈高等教育国际化改革，能够切实将

① 李春玲．可持续发展教育：进展与挑战 [M]. 北京：社会科学文献出版社，2017:4.

国际上先进的技术引入我国，并经过京津冀经济圈高校的改造升级之后，为我所用，从而切实提升京津冀经济圈高校实施“中国化”改造的技术引进质量。此外，在高等教育国际化改革过程中，京津冀经济圈高校还为其他发展中国家提供高等教育帮扶，通过对外的教育帮扶，有效提升了京津冀经济圈高校的国际地位，从而切实为京津冀经济圈高校构建起了良好的国际形象。教育帮扶体现出了我国作为世界上最大发展中国家的国际责任，也体现出了京津冀经济圈高校的独特教育优势，十分值得成渝地区双城经济圈高校借鉴。

在京津冀经济圈高校中的学科专业设置过程中，京津冀经济圈高校本着建设“世界一流学科”的理念，设置了大量的相关学科专业。通过“世界一流学科”的建设，有效促使京津冀经济圈高校实现了国际先进的高等教育模式。例如，北京大学专门成立了“北京大学学科建设办公室”，为相关的学科教师提供科研帮助，并积极推进国际化教育资源在“世界一流学科”的教学中得到充分体现。这样的“世界一流学科”建设模式应当受到成渝地区双城经济圈高校的重视，通过借鉴北京大学“世界一流学科”建设的经验，建设成渝地区双城经济圈高校的“世界一流学科”。

四、京津冀经济圈具有完善的国际化改革成果转化模式

对于国际化改革成果转化，京津冀经济圈高校走在了全国各大高校的最前端。我们众所周知的“北大青鸟”以及“清华同方”都是在“产学研”校企融合发展过程中的知名校企合作企业。以“北大青鸟”以及“清华同方”的国际化改革成果转化模式来说，它们将国际上先进的科学技术进行了符合“中国特色”的改革。高等教育国际化改革成败就在于能不能实现国际化改革成果转化。陈强、鲍悦华、常旭华在《高校科技成果转化与协同创新》中指出：“对高校科技成果转化的工作而言，应该看到，在国家宏观战略引导下，高校科技成果转化的外部环境正发生极大改变。在北京中关村、武汉东湖、上海张江等地区先行先试的基础上，《中华人民共和国促进科技成果转化法》（2015 修正版）已正式颁布，教育部、科技部也于 2016 年正式颁布了《关于加强高等学校科技成果转移转化工作的若干意见》，这些法律法规将科技成果的定价、处置、收益分配等权力下放给高校，完善了科技成果转化收益分配机制，为科技成果转化活动‘松绑’。可以说在新形势下，高校科技成果转化工作将大有可为。快速变化的新形势在给高校科技成果转化带来新机遇的同时，也使高校面临极大的挑战，这种挑战一方面推动了管理理念与管理方式的转变，高校必须从原先科技管理传统理念和管理方式逐步向

创新管理转变，各项科技活动不仅要以知识创造为导向，还要重视知识创新到技术创新的全链条，推进科技成果向现实生产力的转化，对社会经济发展有所贡献；另一方面推动了能力提升，高校必须对新形势有所准备，在探索适合本高校科技成果转化模式的同时，尽快建立起与新形势相适应的科技成果转化管理和服务体系，切实提升科技成果转化的管理水平和专业服务能力。”[①] 由此可见，高校国际化改革成果的转化并不是一个独立的行为，而是一个关系到管理水平、服务水准、转化精度、创新力度等多方面因素的一种系统性行为。

在京津冀经济圈高校的国际化改革成果转化过程中，北京大学利用“北大青鸟”，基于国际化改革理念，有效开展 IT 职业技术教育，并在“北大青鸟”的基础上，进行相应的职业化科研成果转化，在全国建设了 200 多家培训机构，与上万家 IT 企业展开“产学研”校企合作，累计为国家输送了 80 多万的 IT 人才，这也体现出了北京大学利用“北大青鸟”提升自身职业教育能力的坚定信心以及教育优势。清华大学以“清华同方”作为国际化改革成果转化的总基地，依托先进科学技术，进行相应的信息化产品制造与销售，将国际尖端的信息技术转化为“清华同方”企业发展的动力，成为“产学研”校企融合发展的典范。

以“北大青鸟”及“清华同方”为代表的京津冀经济圈高校国际化改革成果转化成功，体现了京津冀经济圈高校吸收国际先进科学技术及管理理念，有效进行成果转化的重要能力。对于成渝地区双城经济圈高校而言，要吸取以“北大青鸟”及“清华同方”为代表的京津冀经济圈高校国际化改革成果转化的经验，积极进行“产学研”校企融合发展，将国际化改革成果转化为成渝地区双城经济圈区域经济的重要经济实体，利用符合“中国特色”的国际化改革成果转化模式，实现“西为中用，洋为中用”，将国际上的先进技术真正转化为“产学研”校企合作企业的重要生产力；将国际上的先进管理理念，结合成渝地区双城经济圈的区域经济发展特点，转化为符合成渝地区双城经济圈经济发展现状的先进管理模式；积极开展以学校为主导的校企科研合作，不断引进国际先进科学技术进行“中国化”改进，使其能够在成渝地区双城经济圈高校的科研过程中，成为有利于成渝地区双城经济圈区域经济协调发展的经济发展新动能。

---

① 陈强，鲍悦华，常旭华. 高校科技成果转化与协同创新 [M]. 北京：清华大学出版社，2017:6.

总而言之，高等教育国际化改革的成果如果得不到相应的市场化运作与转化，就相当于浪费了大量教学科研资源。以“北大青鸟”及“清华同方”为代表的京津冀经济圈高校国际化改革成果转化的成功，既是京津冀经济圈高校发展的经验，也是成渝地区双城经济圈高校所应借鉴的经验。为了有效推动高等教育国际化改革成果转化，成渝地区双城经济圈高校应积极借鉴京津冀经济圈高校的成功经验，将“产学研”校企深度融合的成就惠及全体成渝地区双城经济圈人民，使校企合作能够在成渝地区双城经济圈人民的支持下，获得可持续发展。与此同时，利用高等教育国际化改革的发展成果，也能够进一步提升成渝地区双城经济圈高校的科学研究及校企合作水平，为今后进一步进行“产学研”校企深度融合积累更多经验，为成渝地区双城经济圈的区域经济协调发展提供持续动力。

第二节　长三角经济区高等教育国际化改革的借鉴价值

一、长三角经济区高校的国际化改革注重的经济效益转化

长三角经济区位于长江入海之前的冲积平原，包括上海、浙江、江苏、安徽，长三角贡献了全国 1/4 左右的 GDP，拥有全国约 1/4 的“双一流”高校，年研发经费支出和有效发明专利数均占全国 1/3 左右。在长三角经济区高校国际化改革过程中，注重将国际化改革的成果转化为经济效益。长三角经济区高等教育国际化改革框架示意图见图 4-3。

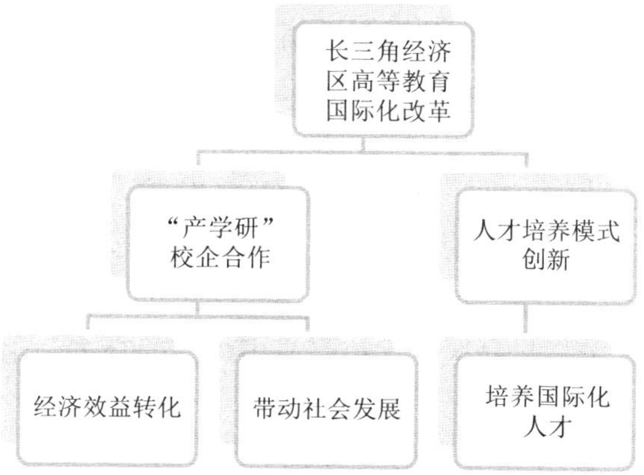

图 4-3　长三角经济区高等教育国际化改革框架示意图

许继琴、杨丹萍等在《基于长三角地区经济一体化的宁波功能定位研究》中指出："长三角地区一体化成为制度层面的安排，开始于1983年国务院设立上海经济区规划办公室的实践。1992年成立的长三角经济协作（委）办主任联席会议重启了长三角地区一体化进程。进入21世纪后，长三角地区一体化进程加速，产业与城市空间格局正处于重组过程中。2008年国务院发布的《关于进一步推进长江三角洲地区改革开放和经济社会发展的指导意见》、2010年国务院正式批准实施的《长江三角洲地区区域规划》更为推进长三角地区一体化发展提供了强有力的政策保障。到了后危机时代，长三角地区一体化将成为区域经济发展的最重要平台。从世界范围看，国家的竞争已经从产业的竞争、企业的竞争，转向城市群的竞争。从全国看，区域协调、区域空间优化成为经济发展中的重要议题，全国经济空间格局正在重组，区域竞争加剧。作为我国综合实力最强的区域、世界级城市群发育最完善的城市群，长三角地区必将成为我国实现经济转型升级并参与国际竞争的前沿阵地。《长江三角洲地区区域规划》明确指出，长三角地区'已经成为提升国家综合实力和国际竞争力、带动全国经济又好又快发展的重要引擎'。长三角地区必将进一步推进一体化进程以赢得国内外的区域竞争。"①

长三角经济区高校利用长三角地区经济发展的优势，开展"产学研"校企合作，积极促进合作企业的经济增长。例如，位于长三角经济区的浙江大学积极与合作单位签订"实习基地共建协议"；利用"产学研一体化"新机制，与合作企业展开经济合作；发挥校友优势，开展国际化合作，加快高等教育国际化改革的进程，促进了"产学研一体化"发展。浙江大学海洋学院与博雅工道公司利用"产学研一体化"发展模式，成功研发出了"水下直升机"，其获得了"2019亚洲消费电子展创新奖"。目前，"水下直升机"的产量已经超过200台，浙江大学海洋学院与博雅工道公司利用"水下直升机"的专利已经获得了丰厚的"产学研一体化"发展红利。由此可见，高等教育的国际化改革需要有效带动相应城市群的经济发展，注重高等教育国际化改革成果的经济效益转化，更好地促进区域经济发展。

成渝地区双城经济圈高校借鉴长三角经济区高校高等教育改革经验重视"产学研一体化"发展，在为企业带来经济效益的同时解决毕业生就业问题。

长三角经济区依托自身区位优势，与国内外的众多企业开展了"产学研

① 许继琴，杨丹萍，等.基于长三角地区经济一体化的宁波功能定位研究[M].杭州：浙江大学出版社，2011:3.

一体化”建设，并且获得了丰厚的经济利益回报。具体而言，长三角经济区注重利用自身的办学优势进行校企合作，将高等教育国际化改革成果转化为经济效益，以科技创新带动了企业的整体经济发展，以校企合作实训基地为长三角经济区毕业生提供了更多的对口专业工作岗位，也为合作企业的健康发展注入了新鲜的血液。成渝地区双城经济圈高校在借鉴长三角经济区高校高等教育改革成果转化为经济效益经验的基础上，也应该根据成渝地区双城经济圈的区域经济特点，探索出一条适合成渝地区双城经济圈经济发展的高等教育改革路径，从而充分发挥成渝地区双城经济圈的地缘优势，借鉴长三角经济区高校高等教育国际化改革的有利经验，促进成渝地区双城经济圈本地高校能够以科学研究为主导，积极促进毕业生的对口专业就业，从而促进成渝地区双城经济圈区域经济的协调发展。

二、长三角经济区的高等教育改革与当地经济社会发展紧密结合

长三角经济区地处海上丝绸之路的起点，并且是全国城镇集聚程度最高的经济区，具有得天独厚的区域经济发展优势。通过分析长三角经济区区域经济发展的特点可以看出，长三角经济区的区域经济发展采取的城市化发展模式也决定了长三角经济区的高等教育国际化改革要更加适应长三角经济区的城市化发展需求。

长三角经济区的高等教育国际化改革注重根据本地的经济社会发展情况，开展学科设置、教学内容、教材编写、校企合作等工作。例如，南京大学官网在《南京大学与华为技术有限公司合作共建“智能基座”产教融合协同育人基地》一文中指出：“据悉，教育部于 2020 年 9 月启动建设‘教育部—华为‘智能基座’产教融合协同育人基地’项目。南京大学成为第一批与华为合作共建‘智能基座’产教融合协同育人基地的 72 所高校之一。未来双方将从联合课程开发、课外实践活动、认证考试、实习就业等方面展开一系列合作。”[①] 南京大学与华为技术有限公司合作共建“智能基座”产教融合协同育人基地，充分发挥了长三角经济区的区位发展优势。

成渝地区双城经济圈的经济社会发展状况与长三角经济区相比，还是有一定差距。首先，长三角经济区是海上丝绸之路的起点，具有明显的沿海发

① 南京大学 . 南京大学与华为技术有限公司合作共建“智能基座”产教融合协同育人基地 [EB/OL].(2021-01-08).https://www.nju.edu.cn/c1/61/c3814a508257/page.htm.

展优势。成渝地区双城经济圈地处我国西南内陆，在城市化发展程度上，远远不及长三角经济区。其次，长三角经济区的区域经济发展以城市化发展、信息化发展为主，而成渝地区双城经济圈在城市发展的基础上，还要兼顾本区域中的乡村振兴发展。最后，长三角经济区的高校整体办学质量要高于成渝地区双城经济圈高校，同时"产学研"校企融合发展的进度也大大超过了成渝地区双城经济圈高校。因此，成渝地区双城经济圈高校应结合成渝地区双城经济圈区域发展特点，有选择性地借鉴长三角经济区高校国际化改革及"产学研"校企融合发展经验，从而更好地提升成渝地区双城经济圈高校的办学水平，充分发挥成渝地区双城经济圈区域协调发展的优势。

成渝地区双城经济圈高校在借鉴长三角经济区高校的高等教育国际化改革经验的过程中，要立足于自身经济社会发展现状，根据区位优势和区域经济发展短板，形成校企合作可持续发展的长效机制，建设校企合作实训基地，培养更多高质量人才。

三、长三角经济区的高校注重培养国际化创新人才

长三角经济区高校在高等教育国际化改革的过程中，十分注重培养学生的国际化创新思维，持续优化创新人才支持体系，推动人才链与产业链、创新链有机衔接，全面强化高质量发展人才支撑。同时，长三角经济区高校还开展院校学生的对外交流、交换工作，利用公派交换生的出国留学机会，从而培养他们的国际化创新思维。

在培养国际化创新人才的过程中，关键是培养其国际化创新思维。一个人才的技能可以通过实践进行提升，而思维一旦形成定式，就很难改变。因此，长三角经济区高校积极引用国际化思维教学模式，将培养国际化创新思维放在了人才培养机制中的关键环节。长三角经济区高校往往利用案例教学法，为学生展示国际发达国家教学案例，培养学生的创新思维。

在长三角经济区高校的校企融合实训基地中，利用国际化的专业技能实训，培养学生国际化创新思维能力。通过校企实训基地的锻炼，长三角经济区高校学生能够积极利用自身的国际化素质改进生产模式，提升生产技能，从而在校企融合国际化发展的背景下，为长三角经济区经济发展做出贡献。

浙江大学、上海大学等"双一流"长三角经济区高校在培养学生国际化创新思维的过程中，充分结合当前后疫情时代的背景，通过组织相关的学术论坛，与各国学者、专家研究后疫情时代的经济恢复增长模式，有效促进我国乃至全世界的经济增长。

长三角经济区高校注重培养人才的国际化创新思维的教育模式，十分值得成渝地区双城经济圈高校借鉴。在当前的后疫情时代背景下，成渝地区双城经济圈高校应当培养学生具备国际化创新思维，并利用自身思维能力的创新，更好地促进自身的就业、创业。在成渝地区双城经济圈高校的人才培养过程中，应积极引入国际化创新发展的成功案例，促使学生开拓国际化视野，提升自身专业水平。

在“产学研”校企融合发展的过程中，成渝地区双城经济圈高校也应当积极借鉴长三角经济区高校注重培养人才的国际化创新思维的理念，使学生学习国际先进的生产技术，切实提升校企融合实训基地的整体生产力。

总而言之，长三角经济区高校在教学、科研、校企合作过程中，十分注重对学生国际化创新思维的培养。思维是决定一个人发展的关键，在长三角经济区高校培养学生国际化创新思维的过程中，其很多经验都值得成渝地区双城经济圈高校借鉴。成渝地区双城经济圈高校，应结合案例教学法，拓展学生的国际化视野，利用“产学研”实训基地建设，提升学生的专业生产能力。

第三节　粤港澳大湾区高等教育国际化改革的借鉴价值

一、粤港澳大湾区的高校具备优质的国际化教育资源

对于粤港澳大湾区的高校而言，其国际化教育资源与生俱来，在国内具有其他城市群无法比拟的优势。粤港澳大湾区的成功国际化教育改革，首先依托其现有的国际化教育资源，其中港澳大学最为明显。广州大学、深圳大学等粤港澳大湾区高校充分借鉴港澳大学现有的国际化改革经验，在促进对外开放、积极构建“产学研”校企深度融合的过程中，取得了令人瞩目的成就。粤港澳大湾区高等教育国际化改革意义见图 4–4。

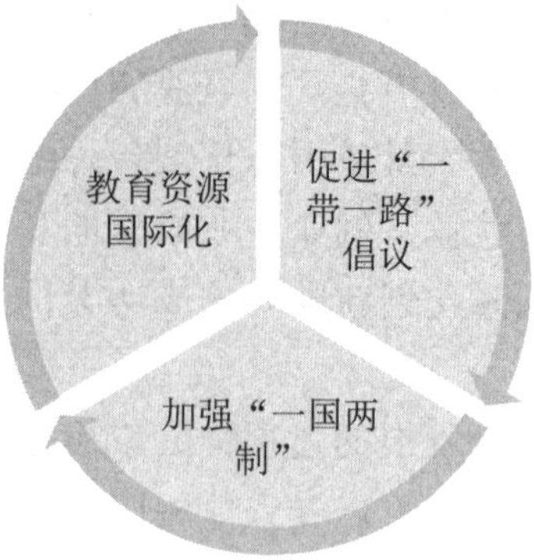

图 4-4　粤港澳大湾区高等教育国际化改革意义

马化腾在《粤港澳大湾区》中指出：“湾区经济是金融服务与科技创新深度融合发展的经济形态。回顾过去几十年的世界发展，美国、日本等国的湾区经济都为本国的科技发展提供了强大的创新动力和完善的生态支撑。打造粤港澳大湾区，推动珠三角加快建设成世界级城市群，已成为国家战略的重要组成部分。当前，粤港澳大湾区在政策支持、产业聚集、创新能力、金融服务等领域优势明显，有意愿、有条件、有能力打造世界一流科技湾区，抢占未来全球科技的革命和产业变革的领先位置。着力打造粤港澳世界级科技湾区，不仅有助于我国‘一带一路’倡议的发展，也有助于促进和维护香港、澳门地区长期繁荣稳定，更是落实国家创新驱动发展战略、加快建设世界科技强国的必然要求。”① 我国的粤港澳大湾区包括香港、澳门与广东的广州、深圳等城市，是我国开放程度最高、经济活力最强的区域之一。粤港澳大湾区的核心是香港、澳门、广州、深圳四座城市。港澳高校具备很多的外籍教师，具备世界前沿的教育、教学理念；广东、深圳的各所高校也拥有大量外教，并且对高等教育国际化改革十分重视。

香港大学外教的比例已经超过了 40%，而外籍学生的比例达到了 20%。通过开展教育、教学交流活动，对于促进高等教育的国际化改革，具有影响极其深远的意义。香港大学全部利用全英语授课，并且基于粤港澳大湾区的区域经济发展现状，展开相应的科学研究，为粤港澳大湾区的可持续发展提供了人才支撑。澳门大学也积极贯彻国际化发展理念，外教的比例超过了 35%，外籍学生的比例同样达到了 20%。粤港澳大湾区高校改革充分体现了国际化发展理念，成为中国高等教育国际化改革的试点。

① 马化腾 . 粤港澳大湾区 [M]. 北京：中信出版社，2018:3.

粤港澳大湾区中，广州、深圳等高校也充分结合粤港澳大湾区的区位优势，积极开展高等教育国际化改革，以信息产业教学改革为基础，粤港澳大湾区高校积极推进“产学研”融合发展。在2020年，风变科技（深圳）有限公司与深圳大学达成了校企融合发展意向。风变科技成为深圳大学的“编程人才”培养基地，通过共同研发的课程，有效促进深圳大学与风变科技校企深度融合。

此外，广东省的其他地区，也积极研究国际化发展理念，实施“产学研”校企融合发展。例如清远市，于2018年底与华南理工大学、暨南大学正式签订合作协议，共建清远高新区科技产业协同创新平台；并于2020年底，与广州大学合作建立了“广州大学化学与化工学院校外实践教学基地”，加速了广东省乃至粤港澳大湾区的整体“产学研”校企融合发展步伐。

由此可见，在整个粤港澳大湾区的高校国际化改革过程中，粤港澳大湾区高校具有全国其他地区都无法比拟的国际化办学优势，对于我国各地高校的影响深远。成渝地区双城经济圈高校在借鉴粤港澳大湾区高校国际化改革的过程中，应当适当借鉴外教的经验，通过国际化教师队伍的建设，有效促进成渝地区双城经济圈高校的国际化改革。

成渝地区双城经济圈高校应积极借鉴粤港澳大湾区国际化改革的成功经验，培养更多具备国际化素养的专业技能型高校人才，从而扩大成渝地区双城经济圈与“一带一路”国家或地区的交往合作。

二、粤港澳大湾区的高等教育国际化改革紧密结合市场需求

教育的根本目的就是育人，而社会对人才的需求不断发生变化。在现代化教育理念下，我国粤港澳大湾区高校的国际化改革适应人才市场需求。粤港澳大湾区高校的国际化发展历史悠久，在当今的高等教育国际化改革过程中，发挥了我国其他城市群无可替代的模范带头作用。为了更好地实现市场供求关系均衡，粤港澳大湾区高校将“世界一流学科”与粤港澳大湾区实际的市场需求相适应，从而取得了良好的高等教育改革成果。

我国的粤港澳大湾区是中国开放程度最高、经济活力最强的区域之一，在国家发展大局中具有重要战略地位，成为世界第四大湾区。从前三个世界‘大湾区’的发展历程，我们可以看到‘大湾区’的崛起就是大都市区的崛起。纽约湾区、东京湾区、旧金山湾区，无不以庞大的经济体量、宜人的环境、包容的文化、高效的资源配置能力成为区域乃至全国的经济中心，其强

大的辐射能力带动周边经济发展。“粤港澳大湾区以香港、澳门、广州、深圳四大中心城市作为区域发展的核心城市，同时建设重要节点城市，支持珠海、佛山、惠州、东莞、中山、江门、肇庆等城市充分发挥自身优势，不仅要建成充满活力的世界级城市群、国际科技创新中心、‘一带一路’建设的重要支撑、内地与港澳深度合作示范区，还要打造成宜居宜业宜游的优质生活圈，成为高质量发展的典范。”①

粤港澳大湾区高校学科适应市场需求的改革过程，有效体现出了粤港澳大湾区高校为社会培养紧缺人才的教育宗旨。例如，香港大学的 MBA（工商管理硕士）学科，在国际化改革过程中，引入了占教员总数一半以上的外国企业家作为学生的导师，并且结合香港国际金融中心的特点，在工商管理教学过程中，更加注重理论与实践相结合，为粤港澳大湾区区域经济协调发展输送了大量的高素质工商管理人才。基于市场需求开展学科建设的粤港澳大湾区国际化教学体系。能够促进粤港澳大湾区高校的学科设置更好地满足市场的实际需求，为粤港澳大湾区及全国、全世界培养出更多高素质人才，以此实现粤港澳大湾区高校学科建设与国际化改革的目的。

深圳大学在积极开展粤港澳大湾区区域经济研究的基础上，开设了“国际经济与贸易”“工商管理”“经济学”“统计学”“信息与计算机科学”等专业，弥补了粤港澳大湾区区域协调发展中基础学科拔尖人才缺口。在深圳大学的学科教学过程中，教师基于粤港澳大湾区的发展现状，为学生解析粤港澳大湾区的发展现状以及未来发展趋势，从而使更多深圳大学学生在毕业之后，选择留在深圳发展。

粤港澳大湾区对人才的需求是巨大的，在粤港澳大湾区高校国际化改革过程中，利用以广州、深圳、香港、澳门为核心城市，辐射周边城市的理念，培养出了大量能够促进粤港澳大湾区区域经济协调发展的高素质人才，这也体现了粤港澳大湾区高等教育国际化改革的实效性。

粤港澳大湾区高校国际化改革理念促使粤港澳大湾区的经济发展有了稳定的人力资源基础，并且通过专业型、复合型人才的培养，充分调动了全国高校学生在粤港澳大湾区的就业与创业。借鉴粤港澳大湾区高校国际化改革的成功经验，成渝地区双城经济圈高校在学科、专业、课程设置方面更加倾向于满足市场需要，以此在保障成渝地区双城经济圈高校毕业生就业率的基

① 升空教育．粤港澳大湾区有哪些双一流高校 [EB/OL].(2019-10-18).http://www.scsxghw.com/news/analysis/84128.html.

础上，更好地满足新发展理念下“供给侧”结构性改革的人才需求。

在总体上而言，在成渝地区双城经济圈高等教育国际化改革实施阶段，应充分借鉴粤港澳大湾区高校国际化发展经验，并在具体的落实过程中，促使成渝地区双城经济圈高校在了解成渝地区双城经济圈的人才需求缺口的基础上，利用学科、专业、课程的调整，为成渝地区双城经济圈培养紧缺人才。根据粤港澳大湾区高校的发展经验，结合成渝地区双城经济圈实际情况，进行学科、专业、课程建设，培养能够在成渝地区双城经济圈长远发展的“应用型”人才，从而促使成渝地区双城经济圈的高校人才培养模式更为合理，也确保了更多的成渝地区双城经济圈高校毕业生提升对口专业就业率。成渝地区双城经济圈高校应因地制宜地吸取粤港澳高校发展经验，尤其是成渝地区双城经济圈高校管理者，在借鉴粤港澳大湾区国际化改革经验的过程中，应当根据实际情况积极推进高等教育国际化改革，充分借鉴粤港澳大湾区培养社会紧缺人才的国际化办学管理理念，根据成渝地区双城经济圈的人才需求缺口，科学地进行社会紧缺人才培养，促进更多的成渝地区双城经济圈高校毕业生能够在对口就业的基础上，为成渝地区双城经济圈的区域协调发展贡献出更多力量。

三、粤港澳大湾区的高等教育国际化改革充分注重人才素质培养

才能的培养决定了人才的外在能力，而对于人才的素质培养，能够切实提升人才的整体素养。在粤港澳大湾区高校的高等教育国际化改革进程中，粤港澳大湾区高校充分注重培养人才的内在价值，从而在人才的根本需求上，满足人才实现高质量发展的内在需要。在“立德树人”根本任务的落实基础上，港澳地区学校积极加强大学生爱国教育，促进港澳学生爱国、爱家。而根据“教育优先发展战略”的部署，应进一步加强对于粤港澳大湾区高校的爱国主义教育、革命传统教育、祖国优秀传统文化教育、可持续发展、国防教育、社会主义核心价值观教育、理想信念教育，促使粤港澳大湾区高校学生能够在充分发展民族认同感的基础上，认同“一个中国”，以自身作为一个中国人而感到骄傲和自豪。

粤港澳大湾区高校在培养人才的内在素养过程中，除了重点加强爱国主义教育之外，还开展了中华优秀传统文化教育，使更多的港澳学生了解我国的发展历史，培养自身作为一个中国人的自豪感，从而增添港澳学生的民族文化认同感，促使全体粤港澳大湾区高校学生更好地传承中华民族传统

美德。

而在粤港澳大湾区高校教育过程中，基于新发展理念，为学生解读“供给侧”改革的内涵，促使粤港澳大湾区高校学生能够认识到我国经济，特别是粤港澳大湾区经济可持续发展的内在动力，从而利用可持续发展理念，丰富自身的思想内涵，并在毕业之后的就业、创业过程中，积极践行可持续发展理念，获得长远、可持续的发展效果。

而对粤港澳大湾区高校的革命传统教育而言，其重要性不言而喻。在建党百年盛世的背景下，粤港澳大湾区全体高校积极开展了党史教育，开展了革命传统教育，促进粤港澳大湾区高校的所有学生积极继承和弘扬优秀的革命传统，认同“一国两制”政策，从而切实加强粤港澳大湾区高校学生（特别是港澳学生）对于中华人民共和国的认同感，并且继承革命先烈的遗志，为中华民族的伟大复兴竭尽所能地贡献出自身的力量。

就国防教育而言，组织粤港澳大湾区港澳高校的学生参观我国驻港、驻澳部队，已经成为一种粤港澳大湾区港澳高校的优良教育传统。港澳学生通过参观我驻港、驻澳部队，认识到人民解放军的优良传统，切实加强港澳学生对于国防的认同感。

而就社会主义核心价值观教育而言，全体粤港澳大湾区高校的学生，基于对国家的认同，从“三个倡导”开始，牢记“二十四字”社会主义核心价值观，从而使粤港澳大湾区高校的学生获得了良好的道德观念基础。

最后对于理想信念教育而言，粤港澳大湾区高校为学生规划了他们的未来职业发展前景，基于培养“应用型”人才目标，促使他们以成为行业专家为目标，不断提升自身专业技能；对于管理类的学生而言，积极引导他们丰富自身内涵，提升管理能力，成为日后的优秀管理者。为粤港澳大湾区高校学生树立远大理想信念，离不开加强粤港澳大湾区高校学生对于中华民族伟大复兴的认同感，无论是港澳学生还是广东学生，都要积极地参与到实现中华民族伟大复兴的进程中，将自身的理想信念与实现中华民族伟大复兴相统一，以此在实现自身高质量发展的基础上，更好地为祖国和人民做出贡献。

这样的粤港澳大湾区高校教育模式，在落实“立德树人”根本任务的基础上，积极以“教育优先发展战略”为抓手，团结和教育了港澳学生，并且促使全体粤港澳大湾区高校学生，养成了良好的内在素养。通过这样的教育模式，有效回答了“培养什么人？为谁培养人？怎样培养人？”的教育根本问题，使粤港澳大湾区高校在提升育人质量的基础上，更好地实现粤港澳大湾区的融合发展，切实加强港澳学生的民族认同感与民族自信力。

在借鉴粤港澳大湾区高校充分注重培养人才内在素养的过程中，成渝地区双城经济圈高校应开展相应的爱国主义教育、革命传统教育、祖国优秀传统文化教育、可持续发展、国防教育、社会主义核心价值观教育、理想信念教育等内在的教育形式。从回答“培养什么人？为谁培养人？怎样培养人？”的教育根本问题入手，积极促进成渝地区双城经济圈高校培养出高素质人才。成渝地区双城经济圈高校在落实素质教育理念的基础上，要基于爱国主义教育，为学生培养爱国精神；充分结合当今时代背景，利用组织影视剧资源集中学习观看的途径，积极开展革命传统教育；挖掘祖国优秀传统文化内涵，积极弘扬中华民族传统美德，促使成渝地区双城经济圈高校学生提升文化素养；通过可持续发展教育的过程，促进成渝地区双城经济圈高校学生具备可持续发展理念，构建起关键能力，从而实现自身职业道路的可持续发展；有效利用国防教育途径，提升成渝地区双城经济圈高校学生毕业后参军的比例，让更多具有军旅梦想的成渝地区双城经济圈高校学生，能够真正在毕业之后加入中国人民解放军；基于社会主义核心价值观教育，促使成渝地区双城经济圈高校学生积极践行“三个倡导”，并且在之后的职业发展中发挥敬业品质，以此成为高素质“应用型”人才；尤其在理想信念教育的过程中，成渝地区双城经济圈高校应努力促使学生养成远大理想，并将自身的理想与“实现中华民族伟大复兴的中国梦”相统一，从而切实实现“中华民族的伟大复兴”。

由此我们可以看出，人才的素质教育是高等教育国际化改革的根本，如果不能有效落实“立德树人”根本任务与“教育优先发展战略”，那么我国的高等教育国际化改革则无从谈起。粤港澳大湾区高校由于其学生结构的特殊性，必须实施以“立德树人”根本任务与“教育优先发展战略”为主的人才教育模式；而成渝地区双城经济圈高校也应积极基于对于“立德树人”根本任务与“教育优先发展战略”的落实，为祖国培养出具备内在品格与外在能力的建设者和接班人。因此，利用这样的素质教育过程，能够从根本上为成渝地区双城经济圈以及中国经济社会，乃至国际社会，培养出“品学兼优”以及“德才兼备”的高素质人才，以此提升成渝地区双城经济圈高校的育人质量。

四、粤港澳大湾区的高等教育国际化改革引导毕业生自主创业

粤港澳大湾区高校的国际化改革注重引导毕业生自主创业。在“大众创业，万众创新”的社会大环境中，毕业生创业已经成为一股潮流，粤港澳大湾区高校的毕业生更是如此。然而，创业存在的风险是很大的。粤港澳大湾区高校在国际化改革的过程中，为学生提示了创业风险，引导有创业意愿的学生开展“低风险创业”。

王宏在《高校大学生创新创业能力培育研究》中指出：“就业是民生之本，创业是就业之源、发展之基。大学生是国家精心培养的高素质人才，是国家建设的重要战略资源，是潜在创业能力最强的群体。加强大学生的创新创业教育旨在不断强化他们的创新意识，培养他们的创业精神，增强他们的创新创业实践能力，以满足经济社会对复合型创新人才的需求。国务院办公厅《关于深化高等学校创新创业教育改革的实施意见》（国办发〔2015〕36 号），要求各地从 2015 年起全面深化高校创新创业教育改革，到 2017 年取得重要进展，形成科学先进、广泛认同、具有中国特色的创新创业教育理念，形成一批可复制、可推广的制度成果，普及创新创业教育，实现新一轮大学生创业引领计划预期目标；到 2020 年建立健全课堂教学、自主学习、结合实践、指导帮扶、文化引领融为一体的高校创新创业教育体系，人才培养质量显著提升，学生的创新精神、创业意识和创新创业能力明显增强，投身创业实践的学生显著增加。”① 在国家创业扶持政策支持下，粤港澳大湾区高校引导具有创业意愿的学生积极创业，寻找符合粤港澳大湾区经济发展规律的创业项目，为学生提供良好的创业理念教育。很多粤港澳大湾区高校在不同程度上都成立了相应的“创业产业孵化园”，在为创业学生提供创业场所的基础上，通过粤港澳大湾区高校教师的指导，促使创业学生最终实现成功创业。

深圳历来被称为“创业之城”，深圳大学的创业帮扶措施十分完善。除了具有相应的产业创业孵化园之外，还安排了专职教师，帮扶创业学生，帮助学生在学校的合作金融机构，取得创业资金的贷款。通过这样完善的创业帮扶模式，如马化腾、史玉柱等深圳大学校友都已经成为中国改革开放以来创业发展史中教科书级别的人物，由此可见深圳大学的创业帮扶制度的优越性。

在粤港澳大湾区高校的创业帮扶与金融部门的共同扶持下，越来越多的粤港澳大湾区高校学生选择了创业的道路，基于“互联网 +”理念，开展了现代化物流、信息技术应用等方面的创业。与此同时，粤港澳大湾区高校学生创业失败的案例也屡见不鲜，在粤港澳大湾区的高风险、高回报创业过程

① 王宏．高校大学生创新创业能力培育研究 [M]. 长春：吉林人民出版社，2017:2.

中，很多粤港澳大湾区高校毕业生将自身的创业摊子铺得过大，导致了资金链条的断裂，最终宣告创业失败。通过分析创业失败的案例，总结经验和教训，从而为下次创业奠定基础。

成渝地区双城经济圈高校在学习借鉴过程中，应当充分基于成渝地区双城经济圈的区位发展特点，引导学生展开符合成渝地区双城经济圈经济发展需要的创业过程，谨慎选择低风险创业项目，通过创业孵化园的建设，为创业学生提供创业场地及创业保障。成渝地区双城经济圈高校在课程设置过程中，也应当加入创业、创新相关课程，提升学生创业成功率，以此带动成渝地区双城经济圈高校整体学生就业率的提升。

总而言之，粤港澳大湾区高校的学生创业帮扶制度十分完善，在成渝地区双城经济圈高校的国际化改革过程中，结合自身区域经济发展特点，制定相应的创业帮扶政策。

第五章　成渝地区双城经济圈高等教育国际化改革的实施

第一节　高等教育国际化改革实施途径

一、开设创新性的国际化课程

创新性的国际化课程建设能够为成渝地区双城经济圈高等教育国际化改革提供助力。对于高等教育国际化改革而言，国际化课程改革必应先行。国际化课程改革应借鉴发达国家的发展经验，结合中国国情以及成渝地区双城经济圈区域经济发展现状，建设符合国情及成渝地区双城经济圈经济特色的国际化学科及专业。在学科及专业建设的基础上，通过专业课程创新与改革，基于国际化发展理念，建设适应成渝地区双城经济圈区域协调发展的专项课程，促进成渝地区双城经济圈高校进一步完善自身的课程教学体系，提升课程的创新性与国际化，打造出一批精品的创新性、国际化精品课程。成渝地区双城经济圈高等教育国际化课程改革模式见图 5-1。

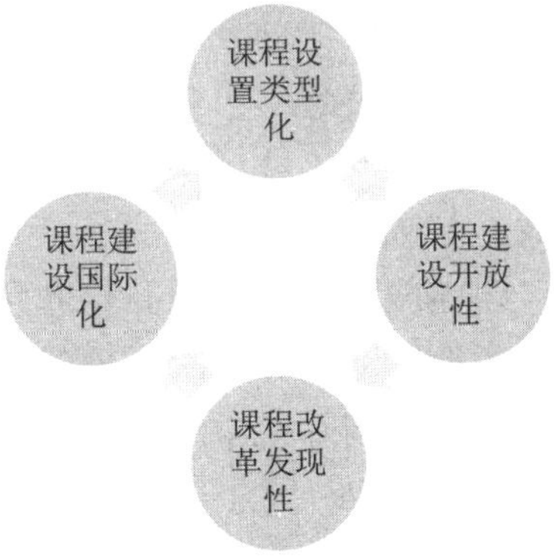

图 5-1　成渝地区双城经济圈高等教育国际化课程改革

（1）胡莉芳在《高等教育课程的主要问题》中指出：“大学课程的内容必须是类型化的。这种类型化主要指的是大学课程的内容常常是按照某些不同的标准与要求构成的。它反映了不同时代有关知识的分类以及人们认识世界的程度，甚至可以认为这种大学课程的知识分类体现了一种人类对世界的‘立法’，或者说是关于自然界和社会的一种秩序。然而，这种类型化与基础教育课程中的学科又是不同的，大学课程更加注重和强调的是不同知识或理论的构成方式，进而充分体现了一种学科的系统性。大学课程的这种类型主要分成两种具体形态：一种是根据不同知识体系自身的逻辑形成的课程类型。例如：文学要按照自身的逻辑整理和反映不同时代、不同地区、不同文体的文学作品；物理根据学科的内在规律划分为声光电热等不同子学科；化学呈现为无机、有机、分析与物化，或者是电化学与催化；等等。应该说，这种根据自身逻辑体系形成的大学课程是非常普遍的。另一种是根据现实中的不同领域，特别是不同领域中的现实问题，对相关知识或理论进行整合而构成的一定类型的课程形态。”① 成渝地区双城经济圈高校的课程国际化改革也应充分体现出课程的类型化，使课程适应国际化发展大环境，适应成渝地区双城经济圈区域经济发展的最新动态，突出国际化课程改革的适用性与实效性，促进学生通过学习经过国际化改革的课程提升自身专业能力以及创新能力，为学生带来强大的就业竞争力，使学生在未来的职业发展过程中始终保持着优势，促使学生获得高质量发展。

（2）成渝地区双城经济圈高等教育国际化课程改革还应体现出开放性的特点。这种开放性不仅体现为学科建设与课程设置的开放，还体现为吸引成渝地区双城经济圈的社会力量参与高等教育国际化改革，具体包括“产学研”校企融合、社会组织合作办学、国际化学术交流等。首先，“产学研”校企融合发展在成渝地区双城经济圈高等教育国际化改革过程中发挥着重要的作用，不仅能够提升成渝地区双城经济圈高校的科研成果转化能力，也能为实习生、毕业生提供就业机会和工作岗位，能够积极促进成渝地区双城经济圈的区域经济协调发展。其次，高校与学会、研究团体、群众组织展开合作，充分发挥社会组织、团体的力量，实现高校的高质量发展。最后，对于国际化学术交流而言，成渝地区双城经济圈高校应本着求同存异的国际院校科研交流理念，与外国院校展开国际化学术交流及合作，以此进一步促进高校的国际化发展。例如，2021 年 6 月 22 日，法国驻成都总领事馆科技与教育合作专员白沙、法国高等教育署成都中心负责人李奥力与法国高等教育署重庆办事处负责人陈佳访问重庆大学，和国际合作与交流处处长黄河、副处长高翔以及生命科学学院院长李正国等进行了交流座谈。这样的国际交流合

① 胡莉芳 . 高等教育课程的主要问题 [M]. 北京：中国人民大学出版社 , 2018:5.

作体现了成渝地区双城经济圈高校的国际交流优势，提升了成渝地区双城经济圈高校的国际知名度，有利于让世界各国了解成渝地区双城经济圈高校的发展现状，促使高校实现国际化发展。

（3）成渝地区双城经济圈高等教育国际化课程改革必须具有发现性的特点。通过课程改革，发现和解决现有课程中存在的问题，促使高校的课程设置适应国际环境、国内现状以及成渝地区双城经济圈区域经济发展特点。在成渝地区双城经济圈高校课程改革中，教师应研究本专业、本学科、本课程的创新潜力，对课程进行创新性改革，完善专业课程设置，提升基础理论课程的时效性，从而促进国际化人才培养，为成渝地区双城经济圈的经济发展培养出更多高素质人才。

综上所述，在成渝地区双城经济圈高校课程国际化改革的背景下，需要以创新作为课程改革的原动力，更新教学理念，促进学科、专业的国际化建设，并且通过国际化、创新性的课程改革，使成渝地区双城经济圈高校的课程符合国际、国内经济社会发展现状。成渝地区双城经济圈高校课程改革应体现出类型化、开放性、发现性的课程设置特点，使学生掌握完善的学科理论以及专业技能，使高校毕业生成为促进成渝地区双城经济圈区域经济发展的重要人力资源。

二、在课程教学中加入国际化发展案例

案例教学法是一种理论结合实践的教学方法。在案例教学的过程中，教师通过对教学案例的展示，能够使学生了解教学理论在实际应用中的价值，使学生获得间接经验，提升学生的学习效果。对于成渝地区双城经济圈高校教学而言，引用国际企业成功发展的案例，能够使学科资源更加完善，使学生提升国际化素养以及专业技能。国际化案例教学示意图见图 5-2。

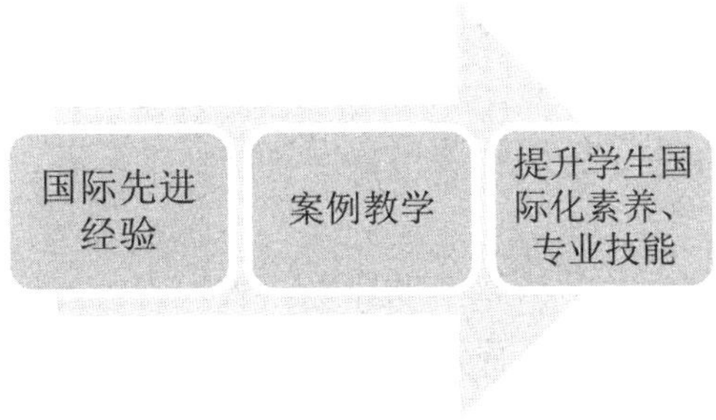

图 5-2 国际化案例教学示意图

钟志贤在《信息化教学模式》中指出：“案例教学不仅能帮助学生获得

概念性和原理性知识，更重要的是有助于学生将所学知识进行内化，帮助学生对于复杂的学科领域开展知识建构；案例教学提供了第一手资料和真实的教学情境，极大地缩短了教学情境与实际生活情境之间的差距；案例教学关注培养学生的创造能力和解决实际问题的能力。面对案例所呈现的问题情境，学生不仅要获得相关知识，更要掌握处理问题的方法和技能技巧；案例教学有助于提高学生表达、交流和讨论的能力，增强面对困难的自信心；案例教学可以帮助学生深度理解教学中的疑难问题，深入分析和反思学习过程，通过讨论案例中出现的各种问题，学习分析问题和解决问题的方法，形成反思的行为习惯。”①

在教学过程中，教师可引用知名国际企业的成功发展案例，对企业成功案例进行分析，使学生了解知名国际企业成功的原因，开阔学生的视野，提升学生的综合素养。例如，在成渝地区双城经济圈高校联盟中，电子科技大学的“世界一流学科”电子科学与技术专业的教学中，教师引用了知名国际企业的成功发展案例，介绍了微软公司成功发展的经验，介绍了比尔·盖茨如何改良、创新了计算机功能，建立了微软公司，并且创造了私人电脑以及Windows（视窗）操作系统。通过这样的成功发展案例教学，能够使学生充分认识到科技创新对提升全球生产力的关键作用，帮助学生提升自身科学素养。又如，成渝地区双城经济圈高校联盟中的西南财经大学在工商管理学院的MBA课程教学中引入了肯德基国际化发展的案例，分析了肯德基的产生和发展背景，介绍了肯德基的国际发展战略，并且详细分析了肯德基的连锁经营模式在国际范围的高效推广现状，从而帮助学生了解了肯德基国际化发展成功的经验。

在专业技能教学过程中，引用国际装备制造业成功案例，能够帮助学生了解国际范围内先进生产技术，分析国际先进生产技术在具体的企业生产线上的实际运用，了解国际装备制造业发展的最新动态，促使学生将课本上的理论知识与生产实践相结合，从而提升专业技能。利用国际著名科学家的案例教学，能够使学生了解国际著名科学家的科学素养，培养学生科学研究品质。

总之，在运用案例教学法教学过程中，教师需要充分理解国际案例的教育价值与育人功能，使学生了解知名国际企业、著名科学家的发展经验，在获得知识的同时提升科学品质，培养学生的创新意识和专业能力，使学生获

① 钟志贤.信息化教学模式[M].北京：北京师范大学出版社，2006:239.

得良好的发展前景。

三、聘请外国专家担任外教

成渝地区双城经济圈高校在高等教育国际化改革的过程中，应聘请外国专家担任外教，提高国际化教学能力。重庆大学、四川大学等“双一流”大学在 MBA 教育领域聘请了很多国际知名的企业家担任国际教师。

聘请国际专家担任外教有两种途径：一是与国际院校的教师交换，将本校教师派遣至国外担任外教，邀请国际高校教师来本校担任外教；二是直接与国际专家联系，将其聘任为外教。这两种外教的聘请模式都能够引入具备国际先进教学理念的专家作为国际教师，从而更好地提升成渝地区双城经济圈高校的国际化教育水平。国际化教师引进模式见图 5-3。

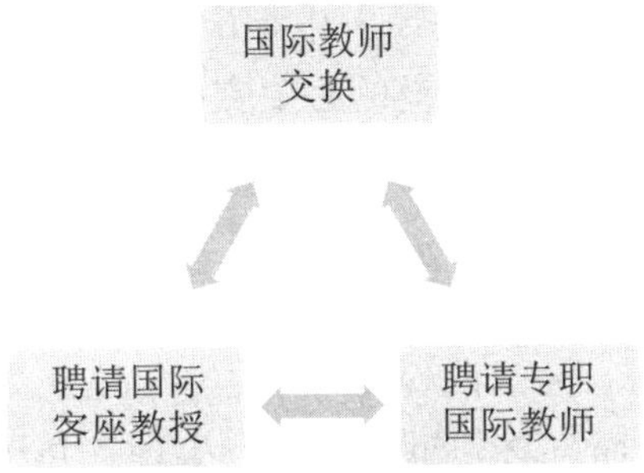

图 5-3　国际化教师引进模式

在聘请国际教师时，应对外国专家的教学素养进行考察，选用具备良好教学素养的国际专家担任成渝地区双城经济圈高校的外教，根据外国专家的专业特点，合理地为外国专家分配学科、专业及课程教学岗位，促使外国专家在教学过程中更好地发挥自身的专业优势，达到提升国际化教学水平的目的。同时，成渝地区双城经济圈高校还应当帮助外教适应中国化的专业教学特点，帮助外教结合成渝地区双城经济圈经济发展特点，进行教学调整，利用中外优质教学资源，提升外教教学的“中国化”与“国际化”相结合的优势。外国专家在担任外教的过程中，还要积极与国内教师进行学术交流，在提升自身专业素养的同时，能够促进国内教师的国际化教学能力提升。这样还能使外教对中国高等教育更加了解和认同，使外教的教学能够适应中国高校的教学需求。

此外，成渝地区双城经济圈高校应在开展国际交流的过程中，寻找国际上在相关领域具有突出贡献及优秀能力的专家作为高校的客座教授。成渝地区双城经济圈高校自主聘请的国外专家并不是一直在高校教学，而是作为客座教授定期或者不定期地开展教学。这样的国外客座教授教学需要突出国外专家的专业技术特点，帮助学生了解国际先进生产技术、科学研究理念、企业经营管理理念等，提升教学质量。

总之，聘请国外专家担任成渝地区双城经济圈高校的外教，能够促进成渝地区双城经济圈高校国际化改革，提升高校的国际化教学质量。聘请国外专家作为客座教授，能够向学生传授专业知识和经验，提升成渝地区双城经济圈高校国际化教育的专业性。

四、在高等教育教材中加入国际化内容

北京市教育委员会、北京高等教育学会教材工作研究会联合组织编写的《构建高等教育教材建设体系，提高高等教育教学与人才培养质量》收录的论文《谈精品课程与精品教材建设》中指出："编撰与课程相应的教材是课程建设的重要体现，也是课程建设的必要支撑。教材就是课本，也就是一课之本。这就类似于剧本是一剧之本，没有它就不能上戏；而没有相应的各式教材也就不好上课。总之，教材是教学文字的载体、辐射的源体、延展的本体。而面对青年学生及广大的社会公众，一本优秀教材更像无言的师长、心灵的朋友、深研的源据。一门课程的一本（或几本）好教材不仅要传授本门学科的知识（授业），而且必须讲明学理、事理，并尽可能兼顾为人处世和行事的道理（传道），还要能适当地从学术研究的新动态中提炼出问题，引发并分析问题和回答问题（解惑）。比如，有关全球变暖最热门的话题之一的'温室效应'，就有'冰室效应更可怕'的反诘。"① 基于精品教材建设理念，成渝地区双城经济圈高校在教材编写过程中，应突出教材的作用，让教材更加贴近国际化发展潮流。国际化精品教材建设首先应符合国际社会发展潮流，并且结合中国经济发展经验，进行精品教材编写。在国际化精品教材编写过程中，应当加入国际组织、国际企业、知名科学家的成功案例，使教材符合当今的国际发展潮流。教材国际化改革侧重见图 5–4。

① 北京市教育委员会，北京高等教育学会教材工作研究会．构建高等教育教材建设体系，提高高等教育教学与人才培养质量：北京高校教材建设研究文集 [M]. 北京：中国人民大学出版社，2015:7.

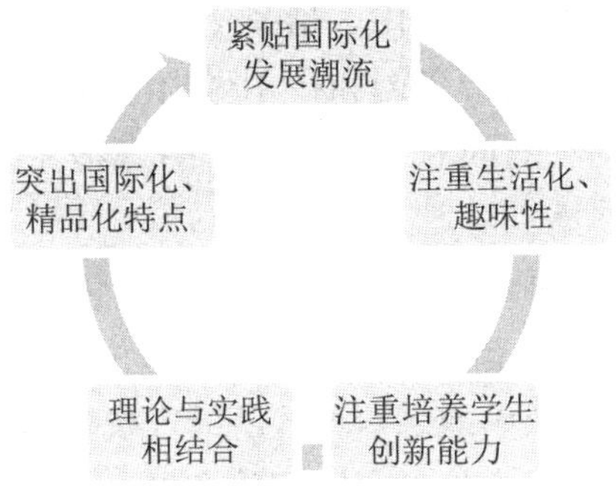

图 5-4　教材国际化改革侧重

教材作为课程的根本，还应突出趣味性以及生活化内容，让学生除了在课堂上学习教材，也能够在课下主动学习，真正发挥教材的作用，让教材成为学生的良师益友。成渝地区双城经济圈高校的精品教材还应注重专业性。根据不同学科、专业、课程的特点，引进国际先进理念、国际先进技术以及国际案例，充实国际化精品教材的内容。通过对高校精品教材的改革与编写，激发学生的学习兴趣，培养学生的国际化思维，使学生掌握国际先进的专业技能，提升国际化素养。

国际化精品教材的编写还需要注重培养学生的创新能力。在教材编写过程中，需要加入当前国际最新的经济、技术发展动态，使学生在了解国际发展现状的基础上，能够更好地将教材内容与现实生活相结合，培养学生的创新能力和实践能力。例如，“软件开发与信息技术应用”课程的国际化精品教材编写需要从二进制的发明开始，介绍软件、算法、计算机语言的发展史，之后进行案例展示，如“Windows（视窗）”“Adobe Photoshop（图片商店）”“Adobe Dreamweaver（梦想编织者）”等国际流行软件的发展案例，继而引导学生学习上述世界流行软件，使学生掌握相应的软件运用能力。然后，进行“C++”“C#”“DOS”等语言的教学，培养学生软件编辑能力。通过这样的理论、软件、语言“三步走”的教材编写模式，提高教学质量。

国际化精品教材的编写也要注重将理论部分与实践部分相结合，使学生获得理论结合实践的良好的学习效果。国际化精品教材的理论编写一定要严谨，并且注意从国际社会发展的高度解析各种国际先进理论。教材的实践部分要紧密贴合当前国际经济发展与生产技术发展现状，引进国际先进技术与实际案例，突出实用性。

在国际化精品教材编写组的组成方面，主要的教材编写者应当是成渝地区双城经济圈高校教师，教材提纲与内容的编写要充分参考国内外专家顾问的意见，从而使教材体现出国际化、精品化的特点。教材内容也应适当照顾学生的学习能力，对一些复杂名词和技术做出注释，使学生更好地理解教材内容。在增强教材专业性的同时，在教材中引进国际先进发展理念以及尖端生产技术，提升教材质量。

总之，国际化精品教材编写对高等教育国际化改革具有重要意义，对高校的国际化精品课程建设具有重要作用。教材作为“一课之本”，对学生的学习有关键性的指导作用。成渝地区双城经济圈高校教师在编写国际化精品教材的过程中，应当悉心听取国内外专家顾问的意见，将国际先进发展理念与生产技术纳入教材内容中。同时，国际化精品教材的编写要注重内容趣味化、案例具体化、理论科学化、实践可操作化，从而有利于学生学习，提升教学质量。

五、提升高校现有的师资力量

为了更好地推进成渝地区双城经济圈高等教育国际化改革，成渝地区双城经济圈高校的师资力量建设不可或缺。在上文提到的聘请国际教师的基础上，成渝地区双城经济圈高校师资力量的自主化建设对高等教育国际化改革具有更为重要的意义。目前，成渝地区双城经济圈本科院校一般以聘请博士研究生学历的人才作为专职教师为主，高职院校一般以聘请硕士研究生学历以上的人才为主。高学历的高校教师聘用门槛能够确保成渝地区双城经济圈高校的教师队伍具备更高的专业素养。目前，成渝地区双城经济圈高校联盟的大学一般都已经建成了“讲师”“副教授”“教授”三个职称台阶的师资队伍，并且教师的专业素养以及专业教学能力正在不断提升。成渝地区双城经济圈高校还聘请了一些国际、国内专家作为客座教授，将他们的专业素养传递给学生。由此可见，成渝地区双城经济圈高校的师资力量建设已经取得了一定的成果，但是还需要在未来的高等教育国际化改革过程中不断完善。成渝地区双城经济圈师资力量提升模式见图 5-5。

图 5-5　成渝地区双城经济圈师资力量提升模式

职称评价体系是高校教师职业发展的重要支撑。成渝地区双城经济圈高校教师职称评价应遵循“德才兼备，以德为先”的理念，根据高校教师的教学科研能力、教育资历、学科建设能力，进行科学的教师职称评价。周景坤在《教学型高校教师区分性评价研究》中指出：“推进教师评价制度改革，建立有利于教育教学质量提升和教师专业发展的评价体系，是高校人事制度改革的主要目标，也是服务经济社会快速发展所必需的基础性工作，是我国教育制度改革中必须引起足够关注的源头性问题。”① 由此可以看出，职称评定不仅关乎高校教师的利益与职业发展，也对成渝地区双城经济圈高等教育改革具有重要作用。

成渝地区双城经济圈高校还应该为有学科技术研究能力的教师配置研究实验室，并为他们提供完善的实验器材、充足的实验物资和研究经费，从而促进教师的科研能力与科研成果发展。高校还应选派部分有专业技能的教师参与到“产学研”校企融合发展中，将高校的科研成果转化为一线企业的生产力，同时为合作企业带去先进的企业管理理念和创新生产经营策略。“产学研”校企融合发展是对成渝地区双城经济圈高校教师队伍的锻炼，教师能够在合作企业中了解企业的发展现状以及企业管埋模式，在其中找出缺陷及问题，再利用自身的知识和科研能力解决问题，促进合作企业高质量发展。

为了加强成渝地区双城经济圈高校师资力量建设，高校应在教师教学、科研的基础上，组织教师在职培训，培训教师的理论素养与专业教学能力，从而促进教师的在岗教育专业能力提升。同时，成渝地区双城经济圈高校还应当让教师展开互动性的学术交流，在互动交流中相互借鉴教学经验，相互取长补短，从而提升师资力量队伍建设的实效性。

在成渝地区双城经济圈高校师资力量建设过程中，也要体现高等教育国际化改革的理念。成渝地区双城经济圈高校的师资力量建设应以“双一流”为标准，提升师资队伍的教育教学能力和科研能力，实现科研成果转化。

成渝地区双城经济圈高校的师资队伍建设还要注重培养教师对学生的教导能力。教师基于教育心理学原理，了解学生的学习现状，为学生提供学习以及生活各方面的教导和帮助。在教师与学生相处的过程中，教师对学生的关心与教导能够使学生增强学习和生活的自信心，更好地学习和生活。

在成渝地区双城经济圈高校师资力量建设过程中，应当开展对教师的教育信念教育，让教师认识到“学为人师，行为世范”的内涵，增强教师的职

① 周景坤．教学型高校教师区分性评价研究 [M]. 北京：中国社会科学出版社，2020:7.

业自信心和荣誉感。通过师资队伍教育信念教育，还能提升教师的工作积极性，促进教师在教学与研究工作中开拓进取，积极创新，提升教师队伍的整体育人能力。

此外，在成渝地区双城经济圈高校师资队伍建设过程中，还需要让教师注意观察和研究国际上的最新经济发展动态以及国内经济发展动态，利用对经济社会发展动态的把握，随时根据经济社会的新变化调整教学内容，使教学过程体现出时效性特点，提升高校教学质量。

综上所述，在成渝地区双城经济圈高校师资力量建设过程中，应以建设“双一流”高校为导向，首先，要为教师提供配套的职称评定保障，为教师的工作与生活提供保障。其次，高校应为具有科研能力及科研意愿的教师提供实验室、实验器材、研究资金的支持，从而提升教师的科研质量，使高校发展为具备国际化科研能力的先进院校。再次，高校要让教师参与“产学研”校企融合过程，帮助合作企业提高生产能力，完善管理理念，创新生产经营策略，推动学校科研成果转化。最后，加强成渝地区双城经济圈高校教师的在职学习，促使教师把握国际、国内特别是成渝地区双城经济圈的发展动态。此外，教师还要有理想信念，并从学习和生活的各个方面关心、爱护学生。这样全面的师资力量建设能够为成渝地区双城经济圈高校打造出能够适应国际化发展、具备教学科研能力、具有教师理想信念、教学能力突出的教师团队。

第二节　成渝地区双城经济圈高等教育国际化改革的方向

一、加大成渝地区双城经济圈对高校的支持力度

成渝地区双城经济圈高校的国际化改革，离不开成渝地区双城经济圈政府、社会以及人民群众的大力支持。在成渝地区双城经济圈，应当加大政府、社会、人民群众对高校的支持力度，从而为成渝地区双城经济圈高校提供更多政策保障、社会支持。齐鹏飞在《中国共产党创办新型高等教育的历史、理论与实践——中国人民大学80年办学经验总结》中指出：“中华民族历来重视教育，始终把教育作为治国安邦的大事。这是中华民族繁衍发展、中华文明绵延不绝的一个重要原因。‘育才造士，为国之本’。办好高等教

育，事关国家发展，事关民族未来。”① 由此可见高等教育的重要性。成渝地区双城经济圈政府，应当为高等教育的发展提供更多的政策扶持，为成渝地区双城经济圈高校联盟提供更为充足的科研资金。对于成渝地区双城经济圈的社会组织而言，如成渝地区双城经济圈的妇联组织，开展女教师社会交流及教育思想动员活动，发挥了成渝地区双城经济圈高校女教师的教育优势，促使女教师以更加昂扬向上的工作姿态教书育人。成渝地区双城经济圈的人民群众也可以为高等教育改革以及成渝地区双城经济圈高校做出贡献。例如，一些专家、学者被聘为成渝地区双城经济圈高校客座教授，一些企业合作者积极与高校开展校企合作。通过政策保障、社会支持、人民参与，加大对高校的支持力度，帮助成渝地区双城经济圈高校更好地实现高等教育国际化改革。

具体而言，在成渝地区双城经济圈政府未来的政策调整中，为成渝地区双城经济圈高校提供政策支持，首先倡导成渝地区双城经济圈高校联盟的各高校落实“立德树人”根本任务，破除阻碍高等教育国际化改革的壁垒，并且为“产学研”校企合作发展提供相应的政策支持。同时，成渝地区双城经济圈政府应基于“双一流”建设理念，促进高校的“世界一流大学”以及“世界一流学科”建设，并且为高校的国际化合作提供更多的便利。

成渝地区双城经济圈的各个行业协会及企业可以通过“产学研”校企合作的模式，配合高校进行科学技术研究，通过建设科研实验室以及科研实训基地，促进高校科研能力提升，并且为实习生、毕业生提供工作岗位。在校企合作过程中，成渝地区双城经济圈的行业协会与企业应以校企科研合作为基础，帮助高校实现科研成果转化，并且通过校企合作，提升企业的发展效益，支持高校发展，使企业或行业协会可持续发展。

对于成渝地区双城经济圈人民群众对高校的支持而言，专家、学者可以与成渝地区双城经济圈高校开展教学、科研合作，具有长期合作意向的专家、学者可以作为高校的客座教授，帮助高校提升国际化改革效果。人民群众也可以积极参与成渝地区双城经济圈高校的日常运转过程中，可以应聘学校保安、学校环卫工、学校宿舍管理员等高校工作岗位，发挥自身的工作能力，为成渝地区双城经济圈高校的发展提供坚实可靠的后勤保障。

总之，成渝地区双城经济圈对高校的各方面支持是成渝地区双城经济圈

① 齐鹏飞 . 中国共产党创办新型高等教育的历史、理论与实践—中国人民大学 80 年办学经验总结 [M]. 北京 : 中国人民大学出版社 , 2018:7.

高校发展的重要动力。成渝地区双城经济圈高校在接受社会支持的同时，要重视对社会的回报，培养更多的高素质人才。高校可利用“产学研”校企融合发展，帮助企业提升生产力，更新和完善企业管理模式，促进企业发展。

二、促使成渝地区双城经济圈高校教师树立国际化发展理念

高校教师是促进高等教育改革的核心力量。为了实现成渝地区双城经济圈高等教育改革，在高校师资队伍建设过程中，应使教师树立国际化发展理念，促使成渝地区双城经济圈高校教师团队在整体上具备国际化素养。成渝地区双城经济圈高校教师应学习国际范围内权威教育家的教育理论；据当前的国际发展新动态，使自身的教学、科研顺应国际发展潮流；利用加强教师国际交流的途径，与国际高校教师或专家展开跨国合作交流，提升国际交流能力；将国际先进技术、理念转化为自身的教育教学能力以及科学研究能力，从而更好地实现专业化、国际化发展。成渝地区双城经济圈高校教师国际化发展理念构架见图 5–6。

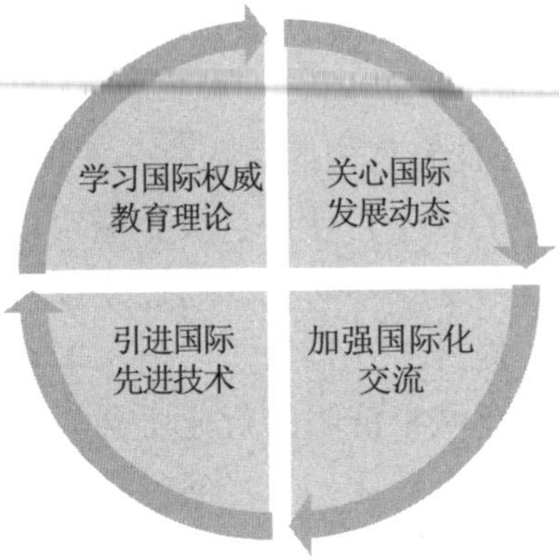

图 5–6　成渝地区双城经济圈高校教师国际化发展理念构架

（1）对于学习国际范围内权威教育家的教育理论来讲，成渝地区双城经济圈高校教师可充分借鉴国际知名教育家苏霍姆林斯基的教育理论。例如，苏霍姆林斯基在《给教师的建议》中指出：“还有一个特征，没有它，依我看就不可能有教育才能。我想把这个特征称为心灵与理智的和谐。除了教师和医生的职业外，未必有其他的职业需要如此多的热忱。你的学生可能不止 40 个。如果你在高年级教课，那你将会有 100、150 个学生。应把自己的心分给每个人，在自己的心中应有每个人的欢乐和苦恼。同情心、对人由衷的关怀同教育才能是血肉相连的。教师不能是一个冷漠无情的人。如果只抱冷漠无情的理性态度，对发生的一切都进行非常仔细的斟酌，惟恐各种可能

的规定遵守得欠准确，就会引起儿童对教师的戒备和不信任态度。过于重理性，而轻情感的教师，儿童不仅不喜欢，而且在他面前绝不会吐露自己的心思。”[①] 成渝地区双城经济圈高校教师可以学习和借鉴苏霍姆林斯基的教育理念，更好地促进自身职业发展。

（2）成渝地区双城经济圈高校教师应根据当前的国际发展新动态，促使自身的教学、科研顺应国际发展潮流。教师可以通过报纸、电视、广播等传统媒体以及各种新媒体，了解国际范围内最新的发展动态，使自身的教育教学符合国际社会发展大方向，提升自身的国际化素养。

（3）成渝地区双城经济圈高校教师要在院校国际交流的基础上，开展自主国际交流，与国际知名专家、学者、教授等探讨教育教学经验，在“求同存异”的交流背景下，提升教学能力和国际化素养。教师开展国际交流对建设“世界一流学科”具有重要的作用。成渝地区双城经济圈高校教师与国际知名专家、学者、教授展开学科交流的过程中，能够充分认识到国外科技发展以及高校学科发展的特点，从而吸取国际经验，促进成渝地区双城经济圈高校的“世界一流学科”建设。

（4）成渝地区双城经济圈高校教师应本着“教育需要利于社会发展”的理念，积极学习和引进国际先进的科学技术以及学术理念，将这些国际先进科学技术以及学术理念内化为自身的专业素养，转化为教育教学、科研成果转化、“产学研”校企融合等方面的专业能力。利用这样的教师专业素养及能力的提升，使成渝地区双城经济圈高校将国际先进技术及理念转化为教育学生的素材以及“产学研”校企合作的国际化发展动能，从而更好地促进成渝地区双城经济圈高等教育国际化改革取得实质性成果。

综上所述，成渝地区双城经济圈高校教师应树立国际化发展理念，借鉴国际教育家的教育理论，积极开展国际范围内的教师交流活动，以“求同存异”的态度，与国际专家、学者、教授交流教育教学经验，提升科研能力及教学能力。成渝地区双城经济圈高校教师国际化教育理念的完善，对促进成渝地区双城经济圈高等教育国际化改革具有重要的促进作用，能够为成渝地区双城经济圈高校构建具备国际化素养的优秀教师队伍，还能使高校科学研究、学科建设、教育教学、校企合作等顺应国际发展潮流。

---

① 苏霍姆林斯基 . 给教师的建议 [M]. 武汉 : 长江文艺出版社 , 2018:6.

三、增强成渝地区双城经济圈高校国际化改革的执行力

执行力是领导、员工或单位机构执行既定方针与举措的关键能力。成渝地区双城经济圈的高等教育国际化改革是既定的成渝地区双城经济圈高校发展方向，而成渝地区双城经济圈高校如何加强高等教育国际化改革的执行力，是一个值得我们深入思考的问题。执行力首先在于领导的领导能力，其次在于其他工作人员的执行能力。

对于单位领导执行力，风华在《提高执行力的23个关键》中指出："执行是一项系统工作，执行者尤其是指导执行的领导者必须具备整体思维和处理各种复杂问题的能力。要提高企业的执行力，领导者首先就要具有执行力，如果不能做到这一点，下属也不可能自愿追随你执行好各项任务。只有具备了执行力的领导才称得上是执行型领导。"对于高校而言，高校的领导应提升自身的管理能力以及执行力，促使高校的全体教职工实施高等教育国际化改革。

高校教师的执行力不仅在于完成教学、科研、校企合作等工作任务，还要在教学、科研、校企合作中发挥自身的创新能力，积极创新工作方法，创造科研成果，以达到提升教育教学质量、加强校企合作、提升科研效果的目的。

对于成渝地区双城经济圈高等教育国际化改革来说，存在校领导执行力不足、教师教学观念落后、学校教工工作积极性偏低、校企合作表面化等问题。要解决成渝地区双城经济圈高等教育改革的困难和问题，从而提升成渝地区双城经济圈高等教育国际化改革的执行力。成渝地区双城经济圈高校国际化改革执行力构成见图5-7。

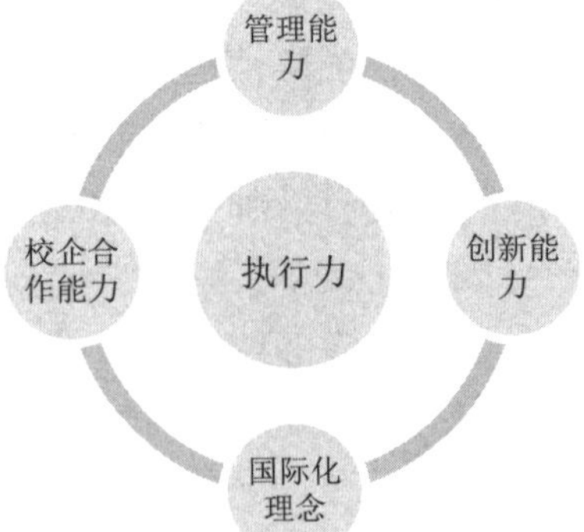

图5-7 成渝地区双城经济圈高校国际化改革执行力构成

第一，为了解决校领导执行力不足的问题，首先应引导校领导提升自身

的高校管理能力，增强工作服务意识，增强高等教育国际化改革信心。校领导应认识到高等教育国际化改革的必要性与紧迫性，将促进成渝地区双城经济圈高等教育国际化改革作为自身使命，科学规划国际化改革方案；统筹成渝地区双城经济圈高校教师的工作任务；与成渝地区双城经济圈教育部门展开联动，促使教育部门为成渝地区双城经济圈高等教育国际化改革提供更大的助力；加强学校科研项目管理，建设国际一流的科研实验室；深化“产学研”校企融合发展内涵，建设产业实训基地，以实现高校科研成果转化。高校领导执行力提升，有利于带动成渝地区双城经济圈高等教育国际化改革的发展。

第二，为了解决教师教学观念落后的问题，应组织成渝地区双城经济圈高校教师学习国际化的教学理念，借鉴国际先进教育经验，提升自身国际化教学素养，更新教学观念，并且利用国际化教学理念开展学科建设、科学研究、课程改革、校企合作等。此外，高校教师还应在教学实践中不断吸取实践经验，或在科研工作中，利用国际化理念创新学校科研管理模式。

第三，为了解决学校教工工作积极性偏低的问题，成渝地区双城经济圈高校应在提升教工工资待遇、完善教工社会保障的基础上，对教工进行国际化的思想观念教育，让以图书馆员工、学校保安、宿舍管理人员、学校环卫人员为主的教工认识到自身所从事的工作是为高等教育服务的重要工作，增强全体教工工作的信念感与自豪感，从而提升学校教工工作的积极性以及在具体工作中的执行力。

第四，为了解决校企合作表面化的问题，学校领导应积极与企业负责人展开交流，通过学校学科与企业生产、管理、销售等的无缝对接，提升“产学研”校企合作的深度。同时，高校在“产学研”校企合作过程中，还应为企业引进国际先进技术及经营管理理念，帮助企业调整经营策略，使企业的发展适应市场环境，从而在加深校企融合的基础上，提升校企融合的执行力。

综上所述，成渝地区双城经济圈的高等院校国际化改革需要校领导、全体教职工以及合作企业执行力的提升。为了提升成渝地区双城经济圈高等院校国际化改革的执行力，校领导应从自身做起，积极组织开展高等教育国际化改革，利用自身的领导示范作用，为高校的全体教职工做出表率。校领导要在制定学校发展方略的过程中，以国际化改革为基础，以“求同存异”的理念为指导，积极引进国际先进教育理念以及高等院校管理理念，提升高等教育国际化改革的执行力。成渝地区双城经济圈高校教师执行力的提升体现在教育教学、科研、校企合作等方面。高校教师应学习国际先进教育理念，引进国际先进科学技术，提升自身的教育教学、科研、校企合作执行力，促进成渝地区双城经济圈高等教育国际化改革的实施。成渝地区双城经济圈高校教工应增强职业自豪感，做好本职工作，为学校的国际化改革与发展提供后勤保障。合作企业要在与成渝地区双城经济圈高校展开合作基础上，帮助高校实现科研成果转化，为高校毕业生提供就业岗位，从而提升"产学研"校企融合发展执行力，使高校与企业获得双赢。

四、促使成渝地区双城经济圈高校国际化改革更加适应社会发展需要

高等院校离不开社会，发挥着重要的社会作用。成渝地区双城经济圈高校的国际化改革应适应社会发展需要，利用院校办学能力的提升，回报社会，促进社会发展，带动社会形成良好的风气，体现出高校的社会服务价值。

为了促进成渝地区双城经济圈高校服务社会，适应社会发展需要，促进社会发展，我们首先要关注高等院校教师及学生的社会责任。通过教师及学生履行自身的社会责任，使高等院校的发展对整个社会的发展起到促进作用。成渝地区双城经济圈高校社会化发展途径见图 5-8。

图 5-8　成渝地区双城经济圈高校社会化发展途径

高等院校教师的首要社会责任是为社会培养高素质人才。首先，成渝地区双城经济圈高校教师在教育教学工作中应落实"立德树人"根本任务，以国际化的教学理念提升教学质量，促使学生提高思想道德水平与专业技能。其次，高校教师还应本着"学为人师，行为世范"的理念，进行师德师风建

设，这样的师德师风建设不仅对学生是一种表率，也能够带动良好社会道德风尚的形成。再次，高校教师的社会责任还在于科学研究，利用高校科研实验室，研究出适应社会发展需要的新技术、新装备。最后，高校教师的社会责任还包括在“产学研”校企合作发展过程中帮助企业提升生产力，为企业建立国际化运营管理模式，促进高校实习生、毕业生获得企业提供的就业机会，使学校、企业、学生都能够获得良好的发展。

关于学生的社会责任，吴庆、段祥伟、尹福斌在《大学生社会责任感培育的实践与探索》中指出：“党和政府历来十分重视大学生社会责任感的培育问题。2015 年印发的《关于进一步加强和改进新形势下高校宣传思想工作的意见》中提出，我们要增强学生的社会责任感、创新精神和实践能力。2016 年 12 月，全国高校思想政治工作会议强调，高校的思想政治工作关系高校培养什么样的人、如何培养人以及为谁培养人等根本问题。我们要坚持把立德树人作为中心环节，把思想政治工作贯穿教育、教学全过程，实现全程育人、全方位育人，努力开创我国高等教育事业发展的新局面。2018 年 9 月 10 日，全国教育大会在北京召开。大会强调，‘培养什么人’是教育的首要问题，我们要在坚定理想信念上下功夫，在厚植爱国主义情怀上下功夫，在加强品德修养上下功夫，在增长知识见识上下功夫，在培养奋斗精神上下功夫，在加强综合素质上下功夫。我们要努力构建德、智、体、美、劳全面培养的教育体系，形成更高水平的人才培养体系；要把立德树人融入思想道德教育、文化知识教育、社会实践教育各环节。”[①] 高校毕业生是就业、创业的主要高素质劳动力，在德智体美劳全面发展的基础上，应当在工作中帮助企业获得良好的发展。创业的高校毕业生的社会责任是在自身获得创业发展的基础上，促进成渝地区双城经济圈的区域经济发展。

基于高等教育国际化改革，成渝地区双城经济圈高校要引进国际先进科学技术，与企业展开密切合作，帮助企业提升生产力与管理水平，从而为成渝地区双城经济圈经济社会发展做出贡献。在校企合作的过程中，高校教师应以国际化的生产、教学、研究理念，促进企业发展，将高校的科研成果投入企业，实现科研成果的实际运用。“产学研”校企融合发展过程中的科研成果转化不仅能够提升企业的生产力，还能促进成渝地区双城经济圈区域经济发展乃至全国经济发展。

---

① 吴庆，段祥伟，尹福斌．大学生社会责任感培育的实践与探索 [M]. 北京：人民邮电出版社，2019:1.

总之，成渝地区双城经济圈高校的国际化发展与改革必须适应社会发展需要，利于成渝地区双城经济圈区域经济可持续发展。在高校教师与学生积极承担自身社会责任的基础上，高校承担更多的社会责任，开展“产学研”校企合作，提升企业实力，为成渝地区双城经济圈发展做出贡献。

第三节　成渝地区双城经济圈高等教育国际化改革的具体实施措施

一、加强对成渝地区双城经济圈高校毕业生的就业扶持

高校毕业生是我国高素质人才的主力军。在成渝地区双城经济圈高等教育国际化改革的背景下，应加强对成渝地区双城经济圈高校毕业生的就业扶持，使更多的高素质高校毕业生实现对口就业，使有创业意愿的高校毕业生实现他们的创业梦想，从而使成渝地区双城经济圈高校毕业生成为建设成渝地区双城经济圈的重要人才。成渝地区双城经济圈高校毕业生就业扶持体系见图 5-9。

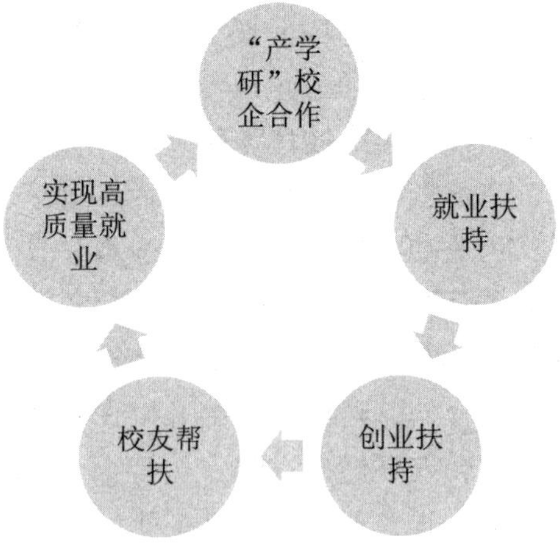

图 5-9　成渝地区双城经济圈高校毕业生就业扶持体系

毕业生就业难的问题在我国已经成为一个社会问题。莫荣、丁赛尔、王伯庆等在《高校毕业生就业研究：产业转型升级下的机遇与挑战》中指出：“当前，我国正处于产业转型升级的战略机遇期。产业转型升级一方面为高校毕业生提供了多元的就业机会选择和更多的创业选择，另一方面，由于转型速度慢、结构不协调，在一定阶段增加了高校毕业生的就业压力。当前，

高校毕业生就业面临的困难主要表现为就业压力大、就业稳定性差、就业满意度低。这一问题既有高校毕业生供求总量方面的原因，也有供求匹配方面的原因。因此，通过大量数据研究、实地调研、政策研究和国际经验研究深入分析原因，积极探索产业转型升级背景下解决高校毕业生就业的结构性问题，提出对策建议，具有重要的意义。”① 为了提升成渝地区双城经济圈高校毕业生就业率与就业质量，成渝地区双城经济圈高校应当在了解就业市场发展动态的基础上，利用学校就业部门的就业帮扶措施，帮助高校毕业生找到合适的工作，使成渝地区双城经济圈高校毕业生的就业率得到保障。具体而言，成渝地区双城经济圈高校的就业部门应积极与企业联系，将企业急需的专业人才引荐给企业负责人，促使毕业生对口就业。在支持毕业生创业方面，成渝地区双城经济圈的很多高校都开设了“创业孵化园”，利用“创业孵化园”为具有创业意愿的毕业生提供创业场地以及其他各种支持，从而促使选择创业的毕业生更为便利地开展创业工作。

为了更好地促进高校毕业生对口就业，在“产学研”校企合作过程中，建设“产学研”实训基地，为实习生、毕业生提供工作机会。利用“产学研”实训基地，使实习生在学校学习阶段就接触到一线的实际生产状况，并且能够在实习期结束之后，直接进入合作企业，成为企业的正式员工。

成渝地区双城经济圈高校毕业生的自主择业、创业也应得到学校的支持。成渝地区双城经济圈高校可开设就业、创业课程，培养学生就业、创业能力，使学生在即将毕业时具备良好的职业心态和职业道德素养。在高校就业、创业课程的教学过程中，教师应详细分析成渝地区双城经济圈当前的区域经济发展现状，使学生能够适应成渝地区双城经济圈企业对人才的需求。同时，教师应引导具有创业意愿的学生降低创业风险，提升创业活动的实效性，避免创业失败，从而利用创业带动就业，为成渝地区双城经济圈高校毕业生提供更为广阔的职业发展平台。

在加强对成渝地区双城经济圈高校毕业生就业帮扶过程中，高校就业指导教师还应当面向即将毕业的学生开展职业道德教育，促使学生在“德才兼备，以德为先”的理念下，提升自身的职业道德水平，提升就业质量。教师还可以通过就业、创业课程中的职场礼仪教育，为学生解析各种具有国际化特点的职场礼仪，促使即将毕业的学生利用自身完善的职场礼仪，提升就

① 莫荣，丁赛尔，王伯庆，等．高校毕业生就业研究：产业转型升级下的机遇与挑战 [M]. 北京：社会科学文献出版社，2018:2.

业、创业质量。

成渝地区双城经济圈高校还可以通过校友帮扶，让已经成功就业、创业的毕业生帮助应届毕业生就业、创业，以实现学校就业、创业帮扶工作的进一步突破。

综上所述，高校毕业生的就业问题不仅是一个高校发展问题，也是一个社会难题。为了更好地帮助成渝地区双城经济圈高校毕业生实现高质量就业、创业，成渝地区双城经济圈高校应该积极开展就业帮扶，首先发挥学校就业指导部门的优势，促使更多毕业生对口就业。同时，成渝地区双城经济圈高校还应基于“产学研”校企合作，使一些毕业生进入合作企业工作，从而提高高校毕业生的就业率。高校还应积极开展就业、创业教育教学工作，从职业道德、职场礼仪教育入手，帮助学生提升自身的就业、创业能力。在大多数应届毕业生成功就业的同时，为少数具有创业理想的应届毕业生提供“创业孵化园”，使他们能够更便利地开展创业活动，实现他们的创业梦想。高校还可以利用校友合作机制，让往届成功就业、创业的毕业生带动应届毕业生就业、创业。高校通过上述就业帮扶措施，可以获得良好的就业、创业帮扶效果。

二、增强成渝地区双城经济圈高校国际化改革与经济发展的联动作用

成渝地区双城经济圈的高等教育国际化改革要体现出国际化改革与经济发展的联动作用。当今，高等院校成为辅助社会经济发展的重要的教育机构。在成渝地区双城经济圈高校国际化改革过程中，应在“立德树人”根本任务的指导下，加强“世界一流大学”以及“世界一流学科”建设，增强高校国际化改革与成渝地区双城经济圈经济发展的联动作用。利用高校优势，促进成渝地区双城经济圈经济发展。

为了更好地促使成渝地区双城经济圈高校发挥对成渝地区双城经济圈经济发展的促进作用，高校在建立本校“商学院”的基础上，应当引入 MBA（工商管理硕士）教育，使高校的学院、学科、专业更加利于培养高素质的专业人才。例如，在重庆大学 MBA 的教学过程中，教师可以分析成渝地区双城经济圈的经济发展现状，使学员能够了解成渝地区双城经济圈经济发展动态和发展趋势，从而提升自身的市场判断力，在今后的工商管理工作中更好地把握市场走向，促进企业发展。

成渝地区双城经济圈高校还应将一些典型的经济发展案例加入教材，同

时在课程教学过程中，为学生介绍经济发展理论。尤其是在商学院的教学过程中，教师可以利用案例教学法，引入国际、国内以及成渝地区双城经济圈的企业发展成功或失败的案例，引导学生深入分析这些企业成功或者失败的原因，在拓宽视野的同时，锻炼市场观察能力。

成渝地区双城经济圈高校在“产学研”校企融合发展过程中，可以帮助企业把握成渝地区双城经济圈经济发展现状和趋势。在帮助企业提升生产力的同时，帮助企业及时调整经营管理模式，使企业适应全国、全世界的经济发展大环境。通过“产学研”校企融合背景下的高校科研工作，研究出适应经济社会发展的高端产品，利用产品优势，使企业获得利润。此外，在“产学研”校企融合发展过程中，高校还应把握市场运行规律，帮助企业做出经济风险预判，使企业在危机到来之前，及时调整经营策略，从而规避风险，使企业可持续发展。

总之，成渝地区双城经济圈高等教育国际化改革需要发挥与成渝地区双城经济圈经济发展的联动作用，通过高校的国际化改革，促进成渝地区双城经济圈经济发展。在高校的学院、学科建设过程中，要提升 MBA 的教学质量，从而培养出更多具备工商管理能力的专业人才。在“产学研”校企融合发展过程中，成渝地区双城经济圈高校不仅要提升合作企业的发展效能，还应帮助企业规避经济风险。成渝地区双城经济圈高校要以国际化理念，加强教育、科研、校企合作等各项工作与经济发展的联动作用，为成渝地区双城经济圈的经济发展做出贡献。

三、将高校人才的国际化专业素养转化为成渝地区双城经济圈的经济发展新动能

成渝地区双城经济圈高校人才应具备突出的国际化专业素养，成为推动成渝地区双城经济圈经济发展的骨干，将专业素养转化为成渝地区双城经济圈的经济发展新动能。成渝地区双城经济圈高校人才包括高校教师和高校的毕业生。经过成渝地区双城经济圈高等教育国际化改革，高校人才的国际化素养得到提升，有利于推动成渝地区双城经济圈经济发展。成渝地区双城经济圈国际化改革的经济发展动能转化途径见图 5-10。

图 5-10　成渝地区双城经济圈国际化改革的经济发展动能转化途径

首先，为了将高校人才的国际化专业素养转化为成渝地区双城经济圈经济发展的新动能，就要更新人力资源管理理念，利用信息化人力资源管理模式，提升成渝地区双城经济圈高校人才的专业素养。《高校人力资源管理与服务信息化路径：让人事工作更轻松快乐》中指出：“我国高等教育信息化围绕大学人才培养、科学研究、社会服务和文化传承的功能定位，主要聚焦在信息技术与教学、科研和管理服务的深度融合。作为高校综合改革的重要内容，人事制度改革措施的执行和落实，对利用信息技术手段改革管理与评价模式、提升管理效率和服务质量等方面提出了全新的要求。在人力资源管理与服务系统建设过程中，既要充分考虑学校的实际模式和业务流程，也要处理好高校管理信息与国家数据库的对接，解决好管理与技术、共享与交换、现有机制与流程再造、标准与规范、安全与稳定运行等一系列问题。”① 由此可以看出，高校的信息化人力资源管理需要高校建立信息化人才数据库，并且与国家的人才数据库对接，从而在各方面体现出成渝地区双城经济圈高校人力资源管理的信息化优势。在信息化高校人才管理过程中，根据人才数据库中的信息，合理配置人才资源，以达到发挥人才优势，促进成渝地区双城经济圈经济发展的目的。

其次，在科研方面，成渝地区双城经济圈高校教师可利用本校的科研实验室，积极开展科学研究工作，选择有利于成渝地区双城经济圈经济发展的科研项目，利用校内科研成果，服务成渝地区双城经济圈的经济发展。教师还要注重科研成果转化，利用专利申请、技术转让、校企合作等方式，将科研成果转化为促进成渝地区双城经济圈经济发展的新动能。在“产学研”校

① 人力资源管理与服务系统项目组．高校人力资源管理与服务信息化路径：让人事工作更轻松快乐 [M]. 北京：人民邮电出版社，2015:1.

企融合发展过程中，教师要与企业合作，利用自身的国际化专业素养，帮助合作企业提高生产效率，改进企业经营模式。

总之，将高校人才的国际化专业素养转化为成渝地区双城经济圈的经济发展新动能，首先要在建设信息化人力资源管理数据库的基础上，掌握成渝地区双城经济圈高校教师与学生的信息，帮助他们更便捷地开展科研、校企合作、就业、创业等。在科研与“产学研”校企合作过程中，教师应积极利用国际先进的技术及理念，提升科学研究效果，并进行科研成果转化，从而促进企业发展。

第六章　对成渝地区双城经济圈高等教育国际化改革的建议

第一节 提高成渝地区双城经济圈高校国际化办学水平

一、积极构建成渝地区双城经济圈高校的国际化人才培养模式

在成渝地区双城经济圈高等教育国际化改革的背景下，积极构建成渝地区双城经济圈高校的国际化人才培养模式成为当务之急。通过成渝地区双城经济圈高校的学科、专业、课程、教学、校企合作全方面的国际化改革，提升成渝地区双城经济圈高校育人水平，从而为成渝地区双城经济圈高校的区域经济协调发展贡献出更多高素质人才。

国际化人才是指具有国际化意识和胸怀以及国际一流的知识结构，视野和能力达到国际化水准，在全球化竞争中善于把握机遇和争取主动的高层次人才。国际化人才应具备以下七种素质：宽广的国际化视野和强烈的创新意识；熟悉掌握本专业的国际化知识；熟悉掌握国际惯例；较强的跨文化沟通能力；独立的国际活动能力；较强的运用和处理信息的能力；具备较高的政治思想素质和健康的心理素质，能经受多元文化的冲击，在做国际人的同时不至于丧失中华民族的人格和国格。国际化人才素养构成见图 6-1。

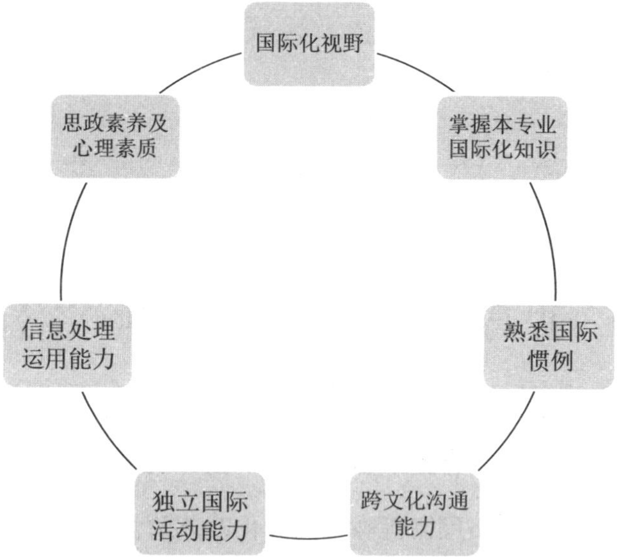

图 6-1　国际化人才素养构成

对于掌握国际惯例而言，成渝地区双城经济圈高校应积极为学生解读和解析国际发展惯例，促使他们能熟知相应的国际规则，做到不违背国际发展惯例。对于较强的跨文化沟通能力的培养，成渝地区双城经济圈高校应积极引导学生在跨文化的国际交流过程中，本着“求同存异”的理念，增强对本民族文化的自信力，加强对于国际文化的包容程度，以此为国际化人才建立较强的跨文化沟通能力。对于国际交往能力的发展而言，成渝地区双城经济圈高校应该在教育过程中，增强对学生国际交往能力的教育，从国际交往公共关系礼仪教育入手，培养学生建立起完备的国际交往基础。对于较强的运用和处理信息的能力而言，成渝地区双城经济圈高校应在国际化人才培养过程中，基于信息化教育理念，帮助学生积极获取国际信息，并能够客观地分析信息内涵；之后根据信息的具体内容展开处理工作，以此为学生建立较强的运用和处理信息的能力。而在培养学生思想素养及心理素质的过程中，成渝地区双城经济圈高校应在落实“立德树人”根本任务的基础上，有效培养学生养成“文化自信”的思想素养，积极开展心理健康教育，确保成渝地区双城经济圈高校学生实现全面发展，从而在今后的国际交往过程中，利用正确的国际交往观念，促进国际交往质量提升，帮助成渝地区双城经济圈高校实现国际化发展。

在成渝地区双城经济圈高校的国际化改革历程中，应积极提升成渝地区双城经济圈高校的育人水准，汲取国际范围内的先进人才培养经验，以国际化的高标准、严要求，切实提升成渝地区双城经济圈高校人才培养的力度，促使成渝地区双城经济圈高校成为为成渝地区双城经济圈输送高质量人才的后勤基地。为培养国际化人才，成渝地区双城经济圈高校应积极构建相应的国际化人才培养模式，使成渝地区双城经济圈高校对于国际化人才培养的过程，能够在成体系化的国际化人才培养模式中发展与提升，从而建立起巩固的人才培养基础。在建设成渝地区双城经济圈高校高素质人才培养体系的基础上，加强国际化人才的知识应用能力，从而促使这些高素质、国际化人才，在职业发展的过程中，能够利用自身的国际化素养提升工作能力，促进成渝地区双城经济圈区域经济的高质量发展，也为这些高素质人才带来更为良好的发展前景。

国际化人才一定是具备过硬专业知识，并具有国际化思维的人才。在国际化人才的培养发展过程中，成渝地区双城经济圈高校应积极基于高等教育国际化改革，积极借鉴国际先进教育经验，并且构建起基于成渝地区双城经济圈高校国际化改革的新型育人模式。对于这种构建成渝地区双城经济圈高校高素质国际化人才培养体系的建立，首先需要成渝地区双城经济圈高校积极更新育人观念，在国际化理念的指导下，充分发挥成渝地区双城经济圈作为“西部丝绸之路核心城市群”的优势，将人才培养模式与“一带一路”发展统一融合，促进更多成渝地区双城经济圈高校的高素质人才，能够融入国际化大环境中，真正为成渝地区双城经济圈区域经济的发展，乃至全国及全世界经济的发展，提供突出且稳定的人才源动力。

在高等教育国际化改革的背景下，成渝地区双城经济圈高校的人才培养体系也需要时刻根据国际局势的变化，进行发展、创新。利用符合国际经济发展潮流的学科、专业建设，建立“世界一流学科”，通过成渝地区双城经济圈高校的自我完善与提升，不断提升师资力量，使更多高素质的专业教师，成为成渝地区双城经济圈高校的教育工作者，以此构建适应国际发展潮流的一流师资力量团队。通过成渝地区双城经济圈高校师资队伍教育质量的提升，整体性带动教材研究以及课程改革的推进速度，编写出一系列符合成渝地区双城经济圈区域经济发展现状的专业教材，建设出一批符合国际发展潮流与成渝地区双城经济圈区域经济发展特点的先进课程。通过对于成渝地区双城经济圈高校人才培养力度的提升，真正促进成渝地区双城经济圈高校，成为成渝地区双城经济圈区域经济协调发展过程中不可或缺的人力资源基础基地，将更多专业化技能人才派往对口就业岗位，引导更多的复合型人才投入各个相关的工作岗位中去，从而为成渝地区双城经济圈的区域协调发展，提供关键性的人才资源，促进成渝地区双城经济圈实现可持续发展。

国际化的人才培养模式，不仅需要对于成渝地区双城经济圈高校人才进行知识教育，更加需要促使相应的人才投入产业实训过程中，通过实践的检验，切实突出人才的专业技能优势，以此培养出高素质专业技术型人才。而对于复合型人才的培养而言，要以国际化的教育理念，提升复合型人才的思维宽度及思维广度，在帮助复合型人才建立创新思维发展基础上，利用案例教学法，为复合型人才解析“工商管理”“校企合作”“科技科研”“创业创新”等方面的成功案例，促使复合型人才能够基于自身的内在发展素养，掌握更多领域的成功经验，以此促进复合型人才更加适应成渝地区双城经济圈对于复合型人才的发展需要。

此外，为了构建国际化的人才培养模式，成渝地区双城经济圈高校应该在高等教育国际化改革的基础上，有效借鉴世界范围内发达国家的成功人才培养经验，积极将人才培养的过程，看作促进成渝地区双城经济圈区域经济协调发展的根基，有效开设国际化的相关课程，发挥成渝地区双城经济圈的关键性城市群作用，促进成渝地区双城经济圈高校的人才能够在获得国际化发展思维的基础上，积极参与成渝地区双城经济圈区域经济的协调发展进程，为成渝地区双城经济圈的经济社会建设做出自身杰出的贡献。

在建设国际化人才培养模式的过程中，师资力量队伍的建设是最为关键及重要的。成渝地区双城经济圈高校应当有效提升教师待遇，吸引一批国内优秀的教师，加入成渝地区双城经济圈高校的教师团队；并且利用外教的交换和引进，有效提升成渝地区双城经济圈高校的外教比例，从而更好地提升成渝地区双城经济圈高校师资队伍的国际化发展程度，建设出一个兼具国际化、专业性的高素质师资力量团队。

总而言之，成渝地区双城经济圈高校应积极基于高等教育国际化改革的基础，建立完善的国际化人才培养机制，从师资力量建设入手，加强对于国际化人才的专业素养教育以及综合能力教育，促使更多的成渝地区双城经济圈高校学生，发展成为高素质国际化人才。通过高素质国际化人才的培养过程，真正发挥成渝地区双城经济圈高等教育国际化改革成效，利用国际化人才的素质优势，不断提升成渝地区双城经济圈的国际化交流频率及质量，有效地将成渝地区双城经济圈建成我国“一带一路”西南地区的发展桥头堡。通过国际化人才培养体系构建，将成渝地区双城经济圈高校打造成为促进成渝地区双城经济圈区域经济协调发展的人才供给基地，以此更好地提升成渝地区双城经济圈区域经济的整体发展质量。

二、加大政府对成渝地区双城经济圈高等教育改革的资金投入

成渝地区双城经济圈高等教育国际化改革需要大量的资金投入，从而确保改革取得实质性进展，使高等教育国际化改革无后顾之忧。教育资金的投入有两种方式：一种方式是政府有关部门的专项资金投入；另一种是高校在市场经济环境下，吸引外来市场投资，进行教育与市场经济的融合发展，其资金获取率要远远超过教育主管部门的资金投入。

在“教育优先发展战略”的指导下，成渝地区双城经济圈教育主管部门不断增强政策扶持力度，能够为成渝地区双城经济圈高校建立一个稳定的市场化运作基础。因此，为了更好地提升成渝地区双城经济圈高校的校企融合发展质量，各成渝地区双城经济圈高校联盟院校，就要从“产学研”校企合作入手，促进成渝地区双城经济圈高等教育的市场化发展，从而为成渝地区双城经济圈高校的高等教育国际化改革，带来更为丰厚的资金保障，利用更为大数额的高等教育国际化改革资金投入，全方面提升成渝地区双城经济圈高校联盟学校的科学研究能力、教育教学能力、“产学研”校企融合发展质量、产业实训基地建设水准，达到和实现全面提升成渝地区双城经济圈高校高等教育国际化改革成效的目的。

成渝地区双城经济圈高校积极利用资本融合的模式，获取外部的资金支持，利用“发起上市、借壳上市、二板上市、吸引风险投资等形式介入资本市场获得了大量的教育资金，满足了高等教育国际化改革所需的资金投入。

对于发起上市而言，如重庆大学科技企业集团，其在资本市场运转良好，获得了持续性的教育资金收入。重庆大学科技企业集团在原重庆大学、重庆建筑大学、重庆建筑高等专科学校三校科技产业合并的基础上组建而成，注册资金一亿元人民币。重庆大学科技企业集团，现有全资公司 18 家，控股及参股公司 12 家，集团以市场化运作模式，促进学校科技成果的转化，实现“产学研”的有机结合。

对于二板上市而言，成渝地区双城经济圈的某些高校在创业板进行了上市，利用创业板上市的低成本优势，实现了成渝地区双城经济圈高校的资本融合发展，在促进成渝地区双城经济圈区域经济协同发展的同时，为成渝地区双城经济圈高等教育国际化改革带来了更多的资金投入。

对于吸引风险投资而言，成渝地区双城经济圈高校联盟中很多中小类型的高校通过这种途径获取教育资金支持，他们无法进行上市，只能在“产学

研”校企融合的基础上，积极吸引风险投资，从而为学校带来更多高等教育国际化改革的资金支持。

总而言之，成渝地区双城经济圈高校在高等教育国际化改革的过程中，需要大量的资金支持，其通过发起上市、借壳上市、二板上市、吸引风险投资等形式，能够为成渝地区双城经济圈高校带来大量的资金支持，同时能够进一步促进成渝地区双城经济圈高校面向国际化、市场化发展。这些介入资本市场的形式应当在成渝地区双城经济圈高校联盟中积极推广，使更多的成渝地区双城经济圈高校，通过高校资本运作的模式，更好地实现高等教育国际化改革。

三、打造成渝地区双城经济圈高素质国际化教师团队

在成渝地区双城经济圈高等教育国际化改革的过程中，国际化改革的基础就是高素质的国际化教师团队。全面加强师德师风建设，引导广大教师自觉崇德正心，注重品格塑造，爱岗敬业，成为学生健康成长的引导者。高素质国际化教师品格构成见图 6-2。

图 6-2 高素质国际化教师品格构成

在师德教育的基础上，成渝地区双城经济圈高校教师团队还应具备良好的教学能力。邢磊在《高校教师应该知道的 120 个教学问题》中指出：“教学是对学生成长的一种干预，恰当的干预能够在学生全方位发展上起到很好的补足、纠偏效果。现在，很多高校教学还是以传授书本知识为目的，但高校里仅仅进行知识的传授是不够的，知识的传授永远是有限的，而且知识会随着时代的发展、学科的发展逐渐变得陈旧，甚至被淘汰。书本知识背后（不是所有的书本知识）潜藏了做学问的方法，治学为人的态度，我们的教学要让学生意识到这些，让学生学习到其中的精髓。除了教授学生专业知识，高校教学更需要培养学生规范的做学问的方法，包括批判性思维和创新意识。这是他们把所学应用于生活和工作的基础，是他们找到自己的优势领

域并发挥能力的源泉；在人生态度方面，我们也要给学生以熏陶，帮助学生养成宽大的胸怀，能知己识人，对世界保持谦虚、好奇、探索的态度，只有这样，学生才能找到自己恰当的位置，与他人和谐交往，并能在自己未来的生活中保持积极的心态。”①

从上述内容中可以看出，教师的责任不仅是运用教学手段使学生掌握书本上的知识，更重要的是培养学生自主学习的能力、创新意识、积极健康的生活习惯、健康向上的心态等，从而使学生能够在未来的职业发展过程中，成为一个高素质的劳动者。在成渝地区双城经济圈高校教师团队建设过程中，应以国际化理念为指导，积极帮助教师掌握国际先进的教学方法，发挥后疫情时代“网络在线教育”优势。

成渝地区双城经济圈高校还应当增强教师团队的内在凝聚力。一所学校的发展不只是从学校的校园文化、办学条件、教育质量去衡量，还应从整体去考察教师团队是不是一支凝聚力强的队伍。这是一种向内的、更深层次的对学校教师团队的要求。所谓凝聚力，是指团队对成员的吸引力、成员对团队的向心力和成员之间的相互吸引力。在学校，教师的凝聚力是指教师工作所体现出来的合力，是一种积极向上的精神力量。只有这种凝聚力，就会激发每一位教师的工作积极性，使大家心往一处想、劲往一处使，向着学校发展的目标努力；缺乏这种凝聚力，学校工作就会成为一盘散沙，教育质量的提升和学校发展目标的实现就将无从谈起。教师团队凝聚力的培养是一项复杂的工程，可以从以下几方面尝试：第一，创设愿景，使教师有归属感。组织的共同愿景主要是指组织的发展目标，学校管理者应该与教师一起，集思广益，共同制定学校发展的长远目标，并使这一目标被学校所有成员接受。学校发展有了统一的目标，教师才会有明确一致的努力方向，以此目标作为教师团队凝聚力培养的核心，必将呈现事半功倍的效果。第二，满足需要，使教师有满足感。需要是行为的原动力，对于教师来说，合理需要的满足是教师工作创造性得以发挥、积极性得以提高、主动性得以彰显的必要前提。学校管理者要充分了解教师的各方面需求，并创设条件从物质和精神两个层面满足教师的合理需求，增强教师的工作满意度。

总而言之，一所高校要想取得良好的发展前景，其决定性因素就是办学水平，而教师团队则是决定高等院校办学水平的人力资源基础。成渝地区

① 邢磊，汪琼．高校教师应该知道的120个教学问题[M]. 北京：北京大学出版社，2010:1.

双城经济圈高校教师团队的建设要面向国际化、体现高素质。通过培养“德才兼备，以德为先”的教师，强化教师团队成员对高等教育国际化改革以及“立德树人”根本任务的认识，争当“四有教师”，切实增强教师团队的集体凝聚力，促进教师团队参与并主导“产学研”校企融合发展工作，利用高素质、国际化的教师团队建设，为成渝地区双城经济圈高校的长远发展奠定坚实的人力资源基础。

四、完善成渝地区双城经济圈国际化改革的课程体系

完善的课程体系是确保高等教育国际化改革取得实质性发展的重要因素，课程的设置应注重理论与实践相结合、专业性与应用性相结合、教学原理与教学案例相结合，从而构建出一套利于教师教学、利于学生发展的完善课程体系，为学生提供更为完善的教育服务。

国际化的课程体系建设，其根本目的就是创新人才培养模式，培养出更多有利于社会发展的可塑之才。陈兴明在《中国大学“苏联模式”课程体系的形成与变革》中指出：“从 20 世纪 90 年代开始，在中国的高等学校里，程度不同的人才培养模式改革就已经开始付诸实践了。进入 21 世纪，把人才培养模式改革放在重要位置，甚至是首要位置，已经越来越多地被人们认可。《国家中长期教育改革和发展规划纲要（2010—2020 年）》把人才培养模式创新提到了前所未有的高度：在规划纲要的四个部分中，以具体操作为特征的体制改革这一部分，人才培养体制改革放在了第一项，而人才培养模式创新则处在这第一项中的第一条。这的确是一个可喜的现象，说明我们教学改革的方向和指向越来越与教育的核心问题相一致，这也预示着我国高等学校的教学改革将会有一个光辉的前景。”[①] 基于这样的人才培养模式改革过程，成渝地区双城经济圈高校的国际化课程体系也不断完善，并在高等教育国际化改革的过程中，构建起了专业课程体系。成渝地区双城经济圈高校国际化课程侧重见图 6–3。

① 陈兴明 . 中国大学“苏联模式”课程体系的形成与变革 [M]. 北京：社会科学文献出版社，2012:3.

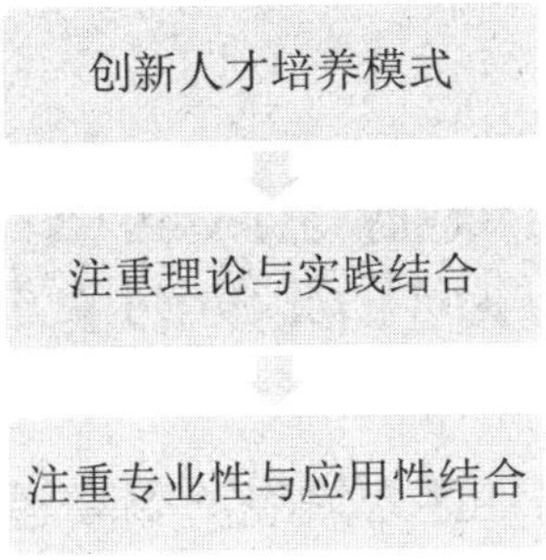

图 6-3 成渝地区双城经济圈高校国际化课程侧重

对于注重理论与实践相结合，在大多数的理论性课程中，加入了相关的实践内容；在相应的实践教学内容中，为学生指出了相关的理论依据。理论结合实践的课程教学体系构建促使成渝地区双城经济圈高校学生能够在实际的实践过程中，充分利用理论知识，提升学生的实践创新能力，促使学生能够在日后的就业、创业过程中，以完善的理论知识以及良好的实践创新能力获得成功。

对于专业性与应用性相结合，成渝地区双城经济圈高校应注重课程体系设置的专业性，根据市场需求调整课程体系，培养更多满足成渝地区双城经济圈区域经济发展的人才。同时，在进行专业教学的基础上要提高学生的知识应用能力，多组织课外实践活动，利用所学知识解决现实问题。

对于教学原理和教学案例相结合，通常教师在讲授教学原理的过程中，由于学生缺少知识经验，对于一些晦涩难懂的教学原理也都是一知半解。加入真实的教学案例，学生能够对所学的原理有更深层次的认识。教学原理的形成经历了漫长的过程，从教学经验总结到教学思想成熟再到教学原理的形成，这一进程是人们对教学实践活动认识不断深化、不断丰富和不断系统的过程。

综上所述，成渝地区双城经济圈高校对国际化的课程体系构建应从加大人才培养力度入手，在课程教学的过程中，注重理论与实践相结合、专业性与应用性相结合、教学原理与教学案例相结合。积极完善教材内容与教学方法，开展“产学研”校企融合的产业实训，促使更多成渝地区双城经济圈高校实习生、毕业生能够真正将自身的专业理论知识转化为实际的生产力，增强成渝地区双城经济圈区域经济发展活力和动力，为成渝地区双城经济圈乃至全国、全世界，培养出更多的高素质技能型人才提升成渝地区双城经济圈乃至全国、全世界的经济社会发展质量。

第二节　社会对成渝地区双城经济圈高等教育国际化改革的支持

一、增进公众对成渝地区双城经济圈高等教育国际化改革的认同

在新时代背景下，公众具有广泛的社会影响力。高校的社会认同度是指社会公众对高校的办学理念、办学条件和社会服务等综合实力的认可程度。良好的社会认同对内可以产生无形的凝聚力和向心力，对外可以产生强大的感召力和吸引力，是高校获得持续发展的保障，因此提升高校的社会认同度势在必行。

曹帅等在《新时代的公共治理与公众参与》中指出："进入 21 世纪，公众参与更加广泛地渗透到公共政策的决策过程。在这一新时期，公众参与有了两个新的趋势。第一个趋势是公众参与开始与协商民主理论融合，协商民主理论在实践的过程中，逐渐呈现公众参与的议题。公众参与的实践中也逐步融入协商民主。第二个趋势便是信息时代对公众参与的影响。信息时代加速了信息的传播速度、拓宽了信息的传播渠道，逐步出现了诸如网络问政、电子政务等利用互联网来辅助公众参与公共政策制定的实践。"① 由此可见，在我国的高校建设中，"公众参与"的作用不可或缺，"公众参与"高等教育国际化改革，能够在更为广泛的范围内，弥补高等院校国际化改革的短板及弱点，帮助成渝地区双城经济圈高校"查漏补缺"，有效地完善高等教育国际化改革的全过程。成渝地区双城经济圈高等教育国际化改革的公众参与途径见图 6–4。

① 曹帅 . 新时代的公共治理与公众参与 [M]. 上海：同济大学出版社 , 2019:9.

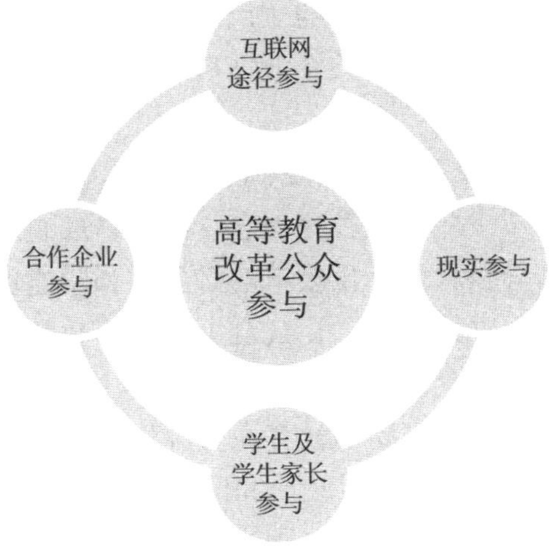

图 6-4　成渝地区双城经济圈高等教育国际化改革的公众参与途径

而公众对于高等教育国际化改革的普遍认同，则能够使成渝地区双城经济圈高校高等教育国际化改革获得更多群众的支持，使公众为高等教育国际化改革的过程，发挥更为积极的参与作用，一方面可以通过互联网媒介，向成渝地区双城经济圈高校提出对于高等教育国际化改革的意见或建议；一方面通过现实的途径，给成渝地区双城经济圈高校的高等教育国际化改革提供更为充实的人力、物力支持。在提升成渝地区双城经济圈高校高等教育国际化改革质量的过程中，与其密切相关的公众群体，包括学生家长、高中学生、成渝地区双城经济圈高校在校学生以及相关的合作企业。对于学生家长而言，他们能够利用家庭教育手段协助高等教育国际化改革，从而使学生更好地获得全面发展。而对于高中学生而言，在他们面临高等教育择校问题的时候，应该更为注重选择自身心仪的院校，从而在未来的大学生涯中，切实通过国际化的教育、教学模式，为自身日后的发展奠定良好的国际化发展基础。而对于成渝地区双城经济圈高校在校学生而言，他们是成渝地区双城经济圈高校高等教育国际化改革“公众参与”最主要的群体，成渝地区双城经济圈高校在校学生，应发挥自身的参与作用，积极地配合与促进成渝地区双城经济圈高校的高等教育国际化改革，从而使自身以及成渝地区双城经济圈高校，在国际化改革的道路上共同成长。对于相关的合作企业而言，成渝地区双城经济圈高校应有效开展与企业的“产学研”校企融合发展。对于具有校企合作意向的企业，应当考察其经营结构是否适合本高校的学科、专业、科研特点，从而寻找出“产学研”校企融合契合度高的企业。在与尚未合作的高契合度企业的沟通过程中，应积极为企业负责人介绍“产学研”校企融合发展的优势，使他们打消对于参与“产学研”校企融合发展的顾虑，进而初步达成校企合作意向，使得相关企业在后续的校企合作过程中能够更为信赖合作高校。

高等教育的国际化改革必然会受到某些人质疑，因为它不同于传统的发展范式变化，颠覆了一些传统教育理念。因此，成渝地区双城经济圈高校应积极向公众宣传高等教育国际化改革的必要性和紧迫性，提升公众的认同感。通过互联网及线下宣传途径，让公众了解高等教育国际化已经是当今世界高等教育发展的一种趋势，并且深刻地影响着一国的政治、经济、文化，甚至军事。与基础教育相比，高等教育在生源流动、教师交流以及学术合作等方面都比较容易进行，而且它对政治和经济的影响也更为直接。

总而言之，在成渝地区双城经济圈高等教育国际化改革的进程中，公众认同是必不可少的。公众的认同是确保高等教育国际化改革获得成功的重要助力。在积极开展成渝地区双城经济圈高等教育国际化改革的宣传过程中，要利用互联网宣传的优势，促使更广泛的公众了解成渝地区双城经济圈高校高等教育国际化改革的最新进展；同时利用新闻发布会、高等教育国际化改革研讨会等线下宣传模式，使与成渝地区双城经济圈高等教育国际化改革相关的公众，有效地认识到高等教育国际化改革的必要性与紧迫性。利用公众宣传手段，能够在更多公众认同的基础上，积极扩大高等教育国际化改革的影响力，从而使更多公众能够基于自身条件，为成渝地区双城经济圈高校高等教育国际化改革提供各种便利。因此，公众认同对成渝地区双城经济圈高等教育国际化改革具有不可替代的重要作用，成渝地区双城经济圈高校应引导更为广泛的公众群体，积极参与到高等教育国际化改革的实践过程中，从而提升高等教育国际化改革的实效性。

二、有效利用社会企业与高校“产学研”合作的模式推进成渝地区双城经济圈高等教育国际化改革

在成渝地区双城经济圈高等教育改革过程中，成渝地区双城经济圈高校应当利用“产学研”校企融合模式，体现出高等教育改革的经济效益与社会效益。“产学研”校企合作并不是一句空话，而需要成渝地区双城经济圈高校与成渝地区双城经济圈社会企业通过“生产融合、教学融合、科学研究融合”，将成渝地区双城经济圈高校的学术科研成果，转化为企业的实际生产力。“产学研”校企融合的关键在于“学校、企业、学生”三个方面的通力合作，而其基本的场所就是“产学研”校企融合实训基地，以及企业的一线生产车间。通

过“产学研”校企融合发展的模式，能够为成渝地区双城经济圈高校的实习生提供锻炼专业技能的机会，也能够为成渝地区双城经济圈高校的实习生、毕业生提供对口工作岗位，其是成渝地区双城经济圈高校解决学生就业问题的一条重要渠道，也是成渝地区双城经济圈高校筹措高等教育国际化改革经费的主要途径。成渝地区双城经济圈“产学研”校企合作发展模式见图 6–5。

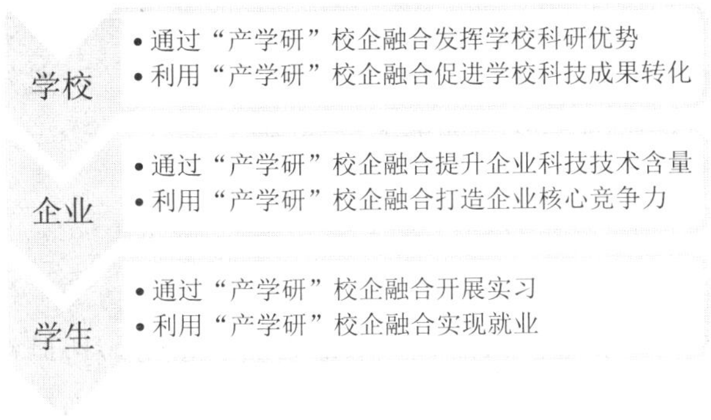

图 6–5　成渝地区双城经济圈“产学研”校企合作发展模式

“产学研”校企融合发展，不仅对学校、学生、企业具有重要的意义，还对整个成渝地区双城经济圈区域协调发展发挥着重要的促进作用。张健在《产学研互动与区域协同发展》中指出：“在当今中国，建设创新型国家必须建立独特的、比较完善的国家创新体系，而建立国家创新体系的关键是实现不同创新主体之间的密切联系和有效互动。产学研是创新互动最重要的主体，其互动的状态直接影响甚至决定着国家创新体系的建立及运行绩效。区域是国家创新体系的重要组成部分，也是我国国民经济持续增长的重要力量，有极大的发展潜力和广阔的发展空间。区域具有无可置疑的重要性，理应担负起历史所赋予的使命。抓住产学研互动这个关键，对推动区域协同发展、促进国家可持续发展有着重要的应用价值。因此，探索产学研互动和区域协同发展具有重要的理论意义与现实意义。”① 由此可以看出，“产学研”校企融合发展对促进区域协调发展的重要意义。

促进成渝地区双城经济圈“产学研”校企合作发展的对策有以下几点：

第一，转变政府职能，加强宏观指导。政府对提倡、组织、协调、激励、引导“产学研”校企合作模式的深入发展具有重要的作用。政府必须转变职能，加强宏观导向，出台、完善相关促进“产学研”校企合作发展的政策法规和配套措施。

① 张健．产学研互动与区域协同发展 [M]. 北京：中国人民大学出版社，2017:1.

第二，建构以企业为主导的“产学研”校企合作发展创新模式。借鉴发达国家创新发展的成功经验，只有企业自身拥有强有力的创新实力，才能成功带动“产学研”合作创新。企业成为主导者时，合作各方才能以市场机制实现持续的技术创新，获取更高的市场回报。

第三，加强企业与高校之间的信息沟通。高校与企业之间虽然研究理念和目的各有侧重，但是通过良好的沟通可以增进双方的了解，激发双方参与合作的积极主动性。“产学研”合作各方的信息沟通可以充分利用各种工作例会，使合作各部门对相互之间的工作进展情况、工作中的困难有所了解，从而不断交流研讨。

总而言之，成渝地区双城经济圈高校应积极利用“产学研”校企融合发展模式，与社会企业展开深度合作，从而将高等教育国际化改革成果，转化为实际的经济收益，促进成渝地区双城经济圈的区域协调发展。在“产学研”校企深度融合发展的过程中，成渝地区双城经济圈高校应发挥其人力资源优势、科研学术优势、生产管理优势。首先，成渝地区双城经济圈高校应积极为合作企业提供实习生、毕业生作为对口专业的工作骨干，在锻炼实习生、毕业生实际工作能力的基础上，帮助合作企业创新工作方法。其次，成渝地区双城经济圈高校应积极发挥自身的科研学术优势，利用学校强大的国际化教师团队，帮助合作企业研究出更为适应成渝地区双城经济圈区域经济发展，对于提升企业生产力具有重要价值的学术科研成果，从而通过“产学研”融合发展的过程，实现科研成果的高质量转化，既为相关合作企业提高了生产力，也为成渝地区双城经济圈的区域经济协调发展做出了重大的贡献。最后，成渝地区双城经济圈高校需要利用自身的国际化发展理念，积极帮助合作企业完善生产管理理念、弥补生产管理短板、创新生产管理模式，从而为企业构建起一套全新的国际化生产管理体系，促进合作企业获得高质量、可持续发展。由此可见，“产学研”校企融合发展模式能够帮助成渝地区双城经济圈高校实现科研成果转化，获得发展红利；为实习生、毕业生提供对口专业实训机会及工作机会；为相关企业在带来国际化发展理念的基础上，有效提升企业的生产经营能力，从而促进成渝地区双城经济圈的区域协调高质量发展，体现出成渝地区双城经济圈高校高等教育国际化改革的价值。

三、提升全社会对成渝地区双城经济圈高等教育国际化改革的支持力度

成渝地区双城经济圈高等教育国际化改革不是仅仅凭借高校的力量就能够实现的，而是必须借助成渝地区双城经济圈全社会的支持。

薛婷在《社会认同的逻辑：集体行动的理性与感性之争》中指出："Simon 等人提出的双路径模型虽然对影响集体行动的两大主要因素——社会认同和工具性动机进行了整合，但其有关两个路径相互独立的结论主要来自回归分析结果。后续的研究和分析则发现，社会认同和工具性动机间存在不同程度的相关，社会认同作为群体成员共享的信念体系除对集体行动有直接影响外，还可能通过影响工具性计算（如提高对背叛代价和合作收益的评估）过程而间接影响人们的参与决策。Louis 等对学生运动的研究也发现，对收益—损失的主观评价在群体规范和集体行动参与间起中介作用。两条路径间的相互关系暗示了可能存在一个潜在因子，该因素可能正揭示出了两条路径的内在机制。并且社会认同和工具性动机的内涵也暗示了可以从内外动机的角度探讨两种因素的作用本质，从而对双路径模型进行检验和发展。"①

为了切实提升全社会对于成渝地区双城经济圈高等教育国际化改革的支持力度，成渝地区双城经济圈高校应在注重加强舆论宣传的基础上，面向全社会展示高等教育国际化改革的杰出成果，促使社会公众能够深层次地了解高等教育国际化改革的全过程。在加强舆论宣传的基础上，成渝地区双城经济圈高校还应积极地吸引社会力量进行联合办学，在引入一批社会专家学者担任成渝地区双城经济圈高校客座教授的同时，努力加深和拓展"产学研"校企合作办学深度，与更多社会企业开展高质量校企合作，从而有效促进高等教育国际化改革向纵深发展。社会力量对于成渝地区双城经济圈高等教育国际化改革的认同与支持，能够对于高等教育国际化改革产生十分积极的影响；通过引领社会各界人士参与高等教育国际化改革的过程，也能够进一步促进社会了解高等教育国际化改革的本质，积极发挥社会力量与成渝地区双城经济圈高校的合力，从而进一步提升高等教育国际化改革的质量。成渝地区双城经济圈高等教育国际化改革的社会支持框架见图 6-6。

① 薛婷，朱玉霞．社会认同的逻辑：集体行动的理性与感性之争 [M]. 北京：清华大学出版社，2017:3.

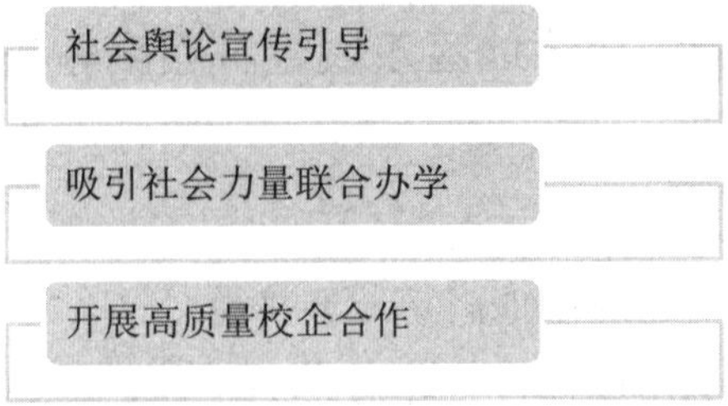

图 6-6　成渝地区双城经济圈高等教育国际化改革的社会支持框架

社会力量的支持，是提升成渝地区双城经济圈高等教育国际化改革质量的重要因素，通过提升全社会对于成渝地区双城经济圈高等教育国际化改革的支持力度，务求构建起“高校主导、社会参与”的办学模式。为了更好地获得社会力量的支持，充分发挥社会各方面力量对于成渝地区双城经济圈高等教育国际化改革的促进价值，成渝地区双城经济圈高校应注重在“完善师资力量”“吸引社会资金”“深化校企合作”这三个方面上下功夫，努力利用社会力量，提升成渝地区双城经济圈高校的整体办学水平。

对于“完善师资力量”而言，成渝地区双城经济圈高校应在“开放性办学”的理念指导下，积极吸引社会各个领域中的杰出专家学者，作为高校的客座教授，利用自身的社会劳动经验及专业技能特长，开展对学生的有效教育。与此同时，在成渝地区双城经济圈高校的教材编写工作中，也应当积极引导社会领域各方面的专家学者，作为编委或者顾问，参与教材的编写工作，促使教材内容能够更好地切合实际的社会情况。通过引导社会师资力量进入成渝地区双城经济圈高校教学岗位，能够进一步完善成渝地区双城经济圈高校教师队伍的层次，吸引更多社会专家学者，为成渝地区双城经济圈高校做出杰出的教育贡献。此外，在引进社会专家学者充实高校师资队伍的过程中，还应积极倡导社会专家学者，有效地为高等教育国际化改革提出意见或建议。基于课程改革的基础，有效完善成渝地区双城经济圈高校的专业与学科建设，立足于高校本身的办学经验，悉心听取社会专家学者的意见及建议，共同促进成渝地区双城经济圈高校，向建设“世界一流大学”和“世界一流学科”的目标顺利前进。

对于“吸引社会资金”而言，成渝地区双城经济圈高校应在“产学研”校企融合发展的理念下，引导相应的社会企业，与高校合作建立校企融合办学项目，发挥学校的科研优势以及企业的社会作用，针对合作办学项目展开相应的投资、融资。高等院校对于社会资金的吸引过程，一方面能够完善高校的办学基础质量，为高校的国际化改革提供重要的资金支持；另一方面能够提升高校的社会化发展水平，促使高校在“产学研”校企融合过程中充分发挥自身科研优势，为校企合作奠定坚实科研基础。具体而言，利用成渝地区双城经济圈高校对于社会资金的吸引，能够切实满足高等教育国际化改革的资金需求，并利用合作企业的投融资，开展相应的“产学研”校企合作项目的建设，促使社会投融资能够真正发挥出实效性，促使校企双方均能够获得相应的利润。这样的校企融合发展模式，还能够促进成渝地区双城经济圈的经济发展，充分发挥高校与企业合作的经济发展促进价值，形成校企合作发展的合力，协同满足高等教育国际化改革的资金需求与合作企业的发展需要。

对于“深化校企合作”而言，通过高校与合作企业的高质量校企合作过程，应在联合建立校企合作实训基地的基础上，引导高校参与“产学研”校企合作发展的实习生，积极通过校企合作实训，提升自身的专业技能。通过“以师带徒”“双导师制”的校企合作育人模式，促进实习生能够接触到当今社会领域中，各产业一线的先进生产技术以及经营管理理念，在发挥企业导师的社会化教育力量的同时，促进高校实习生通过“产学研”校企融合育人模式，更好地实现高质量对口就业。

综上所述，成渝地区双城经济圈的高等教育国际化改革离不开社会各方面力量的鼎力支持。对于“完善师资力量”“吸引社会资金”“深化校企合作”三个方面的落实，能够努力吸引社会各方面的力量深度参与到高等教育国际化改革全过程当中，积极发挥高等院校与专家学者、社会企业的教育改革合力，促使成渝地区双城经济圈高校能够借助各方面的社会力量，从根本上提升学校教学、育人质量，完善高校校企融合运作模式，为建设“世界一流大学”和“世界一流学科”奠定更为坚实的教育基础。

第三节　成渝地区双城经济圈高等教育国际化改革的成果转化

一、促进更多成渝地区高校毕业生运用国际化理念就业创业

毕业生就业问题一直是社会重点关注的热点问题。在高等教育国际化改革的过程中，成渝地区双城经济圈高校应该引导毕业生运用国际化理念就业创业。毕业生的就业创业关乎成渝地区双城经济圈经济协调发展的整体进

程，是为社会输送高素质劳动人才与增强市场经济活力的重要工作。

闵维方、岳昌君、丁小浩在《高校毕业生就业问题与对策研究》指出：“高校毕业生是国家宝贵的人才资源，做好高校毕业生就业创业工作，对于保持就业形势稳定，促进经济社会健康发展具有重要意义。在工业化、信息化、城镇化深入发展的新阶段，为全面建设小康社会、加快推进社会主义现代化，《国家中长期教育改革和发展规划纲要（2010—2020年）》中提出要适应国家和区域经济社会发展需要，不断优化高等教育结构。这个决策符合我国社会经济发展的具体情况，也符合世界经济和高等教育发展的大趋势。从人才供给的角度来看，优化高等教育结构是优化人才结构，进而尽快实现我国产业结构调整的有力保证，也才能从根本上缓解当前大学生就业难的问题。”①

成渝地区双城经济圈高校在帮助学生就业的过程中，一方面要积极引导学生在就业过程中凸显自身的国际化专业素养，另一方面要为高校毕业生推荐合适的企业进行就业，使大多数学生实现高质量就业，从而为成渝地区双城经济圈缓解了就业压力，为成渝地区双城经济圈就业市场输送更多的“专业型”“复合型”人才。

除了就业，创业也是一个不错的选择。国际化创业人才具有国际化视野，通晓国际化惯例与规则，熟悉本专业的知识，具有较强的创新创业能力。创业能力培养可以通过以下路径实施。首先，培养学生的创业机遇识别能力。这种隐性能力的培养需要通过具体课程，帮助学生对国际经济和政治形势、国家重点产业发展趋势等进行准确把握与解读，通过多读、多想、多交流、多实践，逐渐培养其具有前瞻性眼光，把握趋势，识别创业机遇。其次，校企合作搭建平台筛选创业项目方案。创业人才需要校企合作共同培养和训练。学校应当与企业合作搭建平台，举办创业训练项目策划评选，邀请企业中的管理专家参与项目的评选并给予指导，利用新媒体不受地域限制的技术条件，搭建学校和企业共同的线上交流平台。最后，发挥孵化器作用，尝试孵化具有前景的创业项目。校企合作共同运用线上线下的评选，对于有前景的项目，给予一定的资金支持，让学生在做中学，从实践中完善创业项目，为迎接真正创业挑战做好准备。

① 闵维方，岳昌君，丁小浩．高校毕业生就业问题与对策研究 [M]. 北京：北京大学出版社，2018:3.

二、实现成渝地区双城经济圈高等教育改革的专业化发展模式

所谓专业化发展模式，就是在专业领域中，“精益求精”的发展模式，能够从根本上提升成渝地区双城经济圈高校的专业化发展水平。“专业化是指一个普通的职业群体在一定时期内，逐渐符合专业标准，成为专门职业并获得相应专业地位的过程。按照现代广泛运用的利伯曼‘专业化’标准的定义解释，所谓‘专业’，就应当满足以下基本条件：一是范围明确，垄断地从事社会不可缺少的工作；二是运用高度的理智性技术；三是需要长期的专业教育；四是从事者个人、集体均具有广泛自律性；五是专业自律性范围内，直接负有做出判断、采取行为的责任；六是非营利性，以服务为动机；七是拥有应用方式具体化了的理论纲领。”[①] 这样的专业化定义使我们明确了成渝地区双城经济圈高校的发展方向：一是在高等教育国际化改革过程中，体现出高校独有的特色，将自身打造成为一所其他高校“不可替代”的专业化高校；二是积极发挥国际化高校管理理念，完善高校的内部管理结构；三是做好长期为教育服务的准备，努力为成渝地区双城经济圈乃至全国、全世界，培养出大量的高素质人才；四是加强成渝地区双城经济圈高校的自律性，自觉履行法定的高校责任和义务；五是各高校教师积极发挥敬业精神，主动承担起教育改革责任，为高校全面提升教学质量，发挥关键性的教育作用；六是牢记使命——人才培养、科学研究、服务社会和传承文化，切实为成渝地区双城经济圈区域经济的协调发展，提供高质量的高等教育国际化服务；七是全面贯彻党的教育方针，落实立德树人根本任务。成渝地区双城经济圈高等教育专业化发展模式框架见图 6–7。

① 邵斌，顾红，柏慧敏，等．大学公共体育专业化教学改革理论与实践 [M]. 上海：上海大学出版社，2015:34.

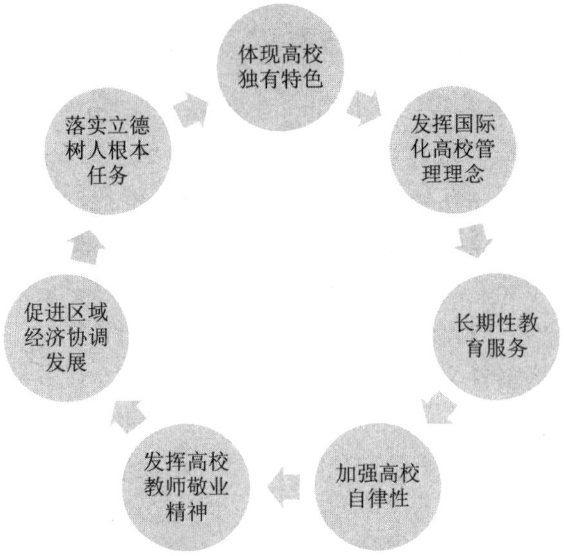

图 6-7　成渝地区双城经济圈高等教育专业化发展模式框架

因此，成渝地区双城经济圈高校在建设专业化发展模式的过程中，要基于高等教育国际化改革契机，努力打造“世界一流大学”以及“世界一流学科”，突破高等教育国际化改革的各种阻碍，一切以促进成渝地区双城经济圈高校国际化发展为核心，努力为成渝地区双城经济圈培养更多的“专业型”“复合型”“应用型”人才，促使通过成渝地区双城经济圈高校的高等教育国际化改革，体现出高校的科研及教学优势，实现成渝地区双城经济圈区域经济协调发展的质量不断提升。

成渝地区双城经济圈高校的国际化、专业化改革过程中还应积极开展国际人才交流，吸引更多国家的留学生前往成渝地区双城经济圈高校进行留学，将高校国际交流的空间进一步拓展。另外，积极开展与国际先进院校的留学生交换工作，在选派成渝地区双城经济圈高校优秀学生前往国际先进院校留学的基础上，引进更多的国际先进院校的公派留学生前往成渝地区双城经济圈高校留学，让他们更好地了解中国，了解成渝地区双城经济圈的区域经济发展现状，从而成为日后成渝地区双城经济圈国际化交流与发展过程中的骨干力量。

为了更好地促进成渝地区双城经济圈高校的专业化建设，成渝地区双城经济圈高校可以进行高校联盟。高校联盟是指若干有着共同利益追求并且围绕共同的战略目标的高校，通过所在联盟规则约束而建立的大学联合体。高校的核心任务之一是优质人才的培养，而优质人才的培养又进一步依赖各个高校内部的强大学术软实力体系的支撑。若在人才培养上在联盟高校之间建立跨区域跨高校甚至跨学科的、实质性的联合培养机制，将不仅实现联盟高校在教学与人才培养方面的深度合作，也将推动高校间在科学研究方面的深刻交流与实质合作。

另外，在课程的专业化建设过程中，成渝地区双城经济圈高校应根据市场需要，本着广知识、强能力、高素质的原则，合理设置课程。课程改革应从教与学的具体问题入手，密切联系社会政治、经济、文化发展，联系社会对人才需求的结构和方向。课程的专业化建设应体现一个新字，即版本新、内容新、观点新，注重将本学科最新、最前沿的成果传授给学生。

总而言之，在成渝地区双城经济圈高等教育国际化改革的背景下，成渝地区双城经济圈高校的专业化发展势在必行。利用成渝地区双城经济圈高校的专业化发展，能够促进“世界一流大学”以及“世界一流学科”的建设，从而更好地服务成渝地区双城经济圈经济社会的发展。

三、促进成渝地区双城经济圈高等教育改革成果转化

将高等教育国际化改革的科研成果转化为社会生产力，并且创造更多的经济价值。

对于中国当今经济的新常态而言，王军博士在《中国经济发展“新常态”初探》中指出：“中国对亚洲和世界的影响力与日俱增，中国与全球经济的互联互动日益加深。中国作为世界第二大经济体，第二大贸易国，第一外汇储备大国，第一大利用外资发展中国家，年度投资流量全球第三大对外投资国，人民币作为全球第四大支付结算货币，仍然是全球经济发展的重要引擎之一，中国经济仍将深刻地改变世界经济的版图和格局，中国与全球经济的互联互动、相互依赖、交融合作不断加深，其深度、广度前所未有，其复杂性、多样性前所未有。一系列重大国家战略对全球的影响日益加深，对外贸易的规模不断扩大，利用外资、对外投资的流量和存量不断增加，物价与汇率的形成机制与影响因素愈加复杂，与国际市场的互动更加密切，宏观经济政策的外溢性和被动性前所未有，中国经济真正具有了在世界上举足轻重的地位。这一切要求我们在观察和谋划国内改革发展，参与国际政治、经济等各项事务时，不能再孤立地看待自身和世界，不能再忽视巨大的政策外溢效应和政策沟通协调的必要性，必须统筹考虑和综合运用国际国内两个市场、国际国内两种资源、国际国内两类规则，更加积极主动地参与全球治理

事务、改善全球治理体系，提升全球治理能力。”[①] 在我国经济发展进入新常态的背景下，成渝地区双城经济圈高校更应该利用高校的科研优势以及人力资源优势，促进成渝地区双城经济圈区域经济的协调发展。成渝地区双城经济圈高校教育改革成果转化模式见图 6–8。

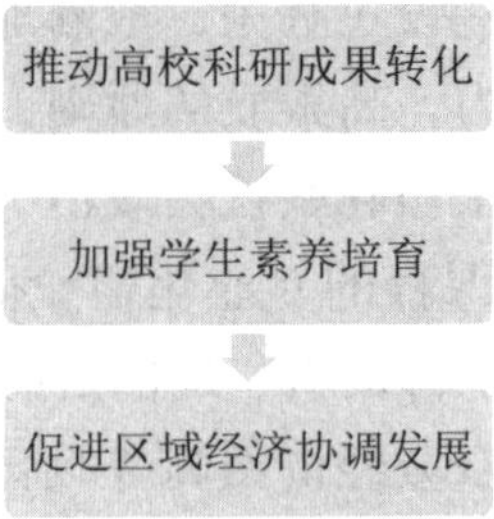

图 6–8　成渝地区双城经济圈高校教育改革成果转化模式

对于成渝地区双城经济圈高等教育改革成果转化模式而言，首先要在建设“双一流”高校的基础上，努力提升高校的科研力量，积极建设高校的科研实验室，使国际化的尖端科学技术，能够通过成渝地区双城经济圈高校科研实验室的转型升级，转化为能够促进成渝地区双城经济圈区域经济协调发展的应用型科学技术。在建设成渝地区双城经济圈高校科研实验室的过程中，应当将科研实验室与“产学研”校企合作发展融合，基于高校的科研实验室，与合作企业联合创办科研实训基地，从而能够将科研实验取得的科研结论在科研实训基地中进行检验，从而转化为促进成渝地区双城经济圈区域协调发展的经济动力。

与此同时，为了更好地实现成渝地区双城经济圈高校高等教育国际化改革成果，转化为成渝地区双城经济圈区域协调发展的经济动力，成渝地区双城经济圈高校应加强学生的德育教育，以“立德树人”为根本任务，积极促进成渝地区双城经济圈高校学生培养国际化素养，努力提高专业技能，使成渝地区双城经济圈高校的学生能够养成“德才兼备，以德为先”的素养，加强创业、创新教育，使成渝地区双城经济圈高校学生能够在毕业后成为促进成渝地区双城经济圈区域经济协调发展的国际化人才资源，以人才素质的提升，促进成渝地区双城经济圈高等教育国际化改革成果转化。

综上所述，在成渝地区双城经济圈高等教育国际化改革的过程中，成渝地区双城经济圈高校应积极基于国际化发展理念，将自身的国际化改革成果转化为促进成渝地区双城经济圈区域经济协调发展的动力。

① 王军．中国经济发展“新常态”初探 [M]. 北京：社会科学文献出版社，2017:4.

四、有序促进成渝地区双城经济圈高校科研能力发展

如果说“教书育人”是高校的基本任务，那么科学研究就是高校功能的拓展延伸。为了建设“双一流”高校，提升成渝地区双城经济圈高校的科研能力至关重要。成渝地区双城经济圈高校应当在高等教育国际化改革的基础上，建立起完善的科学研究能力，同时引进大量高端科研人才，以此实现对于成渝地区双城经济圈高校科研水平的实质性提升。

要提升成渝地区双城经济圈高校的科学研究能力，其基础就是要有一支专业化的科研团队。《高校科研团队创造力的形成与提升策略研究》指出“知识经济时代，一些大型而复杂的科研项目往往需要综合运用许多学科的知识才能得以解决，因此，以团队形式进行合作知识创造是知识经济背景下科学技术研究活动的内在需求。为适应科研和学科建设的发展，以及科研的团队化趋势，我国高等学校纷纷成立科研团队，经过十余年的发展，高校科研团队在国家科学技术领域取得了辉煌的成绩，逐渐成为国家科技创新的重要力量。在取得辉煌成绩的同时，也应该看到和国外相比，我国高校科研团队的原始创新能力不强，表现为科研力量较为分散，团队资源有限且整合效果不好，科研人员之间的合作力度不够，严重影响了高校的科研产出效率，高水平、原创性和标志性的科研成果出现较少。而要扭转这种局面，获取国际竞争优势，就必须提高团队原始创新能力的源动力，即团队创造力。”[①] 成渝地区双城经济圈高校的实际情况，与以上情况较为类似，虽然成渝地区双城经济圈高校大多数都建立了科研团队，但是科研团队的团队创造力尚有待提升，科研力量也相对分散，科研团队内部合作不足，甚至在少数高校科研团队中存在内部矛盾。在未来的成渝地区双城经济圈高校国际化教育改革中，我们都要积极克服这些科研团队建设的阻力，从而打造出专业性、国际化、凝聚力强的高素质高校科研团队。成渝地区双城经济圈高校科研能力发展途径见图 6-9。

---

① 王磊. 高校科研团队创造力的形成与提升策略研究 [M]. 北京：中国农业出版社，2014:1.

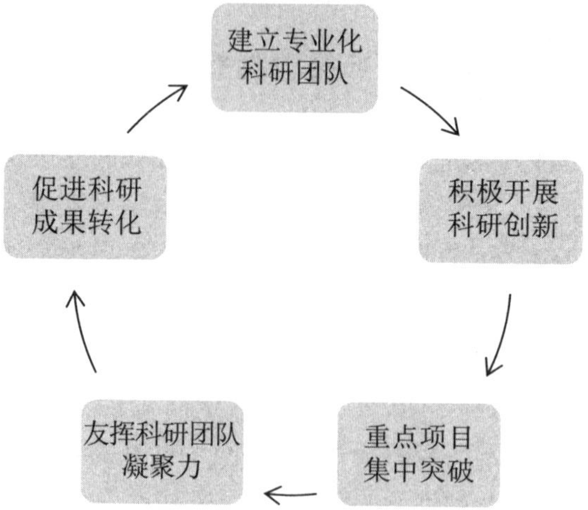

图 6-9　成渝地区双城经济圈高校科研能力发展途径

具体对于成渝地区双城经济圈高校科研团队的“团队创造力”而言，应当积极基于国际化改革理念，组织高校科研团队全体成员展开科研创新，发挥科研团队的凝聚力，以提升高校科研实力。在以往的成渝地区双城经济圈高校科研创新的基础上，积极借鉴国内外科学研究经验，敢于创造前所未有的科学研究成果。以科研目标的确立，以及科研手段的完善为切入点，创新提升成渝地区双城经济圈高校科学研究能力，从而构建起具有团队创造力的高校科研团队，带动成渝地区双城经济圈高校整体科研水平的发展。

而具体对于成渝地区双城经济圈高校科研团队“科研力量相对分散”的问题，首先应集中成渝地区双城经济圈高校科研团队的科研力量，对于重点项目进行集中突破。科研团队的全体成员应当共同努力、携手合作，切实发挥出团队凝聚力。利用集中成渝地区双城经济圈高校科研团队科研力量的手段，加强对于重点项目的科研力量，从而基于高等教育国际化改革的契机，从根本上提升成渝地区双城经济圈高校的科学研究实力。

而对成渝地区双城经济圈高校科研团队“科研团队对内部合作不足”的问题，应当基于问题导向进行科研团队建设，加强成渝地区双城经济圈高校科研团队的内部凝聚力，让成渝地区双城经济圈高校科研团队的全体成员，都能够具备“一荣俱荣，一损俱损”的科研团队意识，同时以“任人唯贤，量才录用”的思维，合理地为成渝地区双城经济圈高校科研团队全体成员，安排适合的科研工作岗位，从而在切实提升成渝地区双城经济圈高校科研团队凝聚力的基础上，更好地提升成渝地区双城经济圈高校科研团队的科研水平，以此促进成渝地区双城经济圈高等教育国际化改革。

在构建高素质高校科研团队的基础上，成渝地区双城经济圈高校应把科研的主要力量，放在促进成渝地区双城经济圈区域经济协调发展的方向上，积极利用成渝地区双城经济圈高校的科研成果转化，实现对于成渝地区双城经济圈区域经济协调发展的促进价值。科研成果的转化，一方面是成渝地区双城经济圈高校将科研成果贡献给国家，一方面是通过“产学研”校企融合发展，将科研成果提供给合作企业作为提升企业基础生产力的重要保障。在两种模式中，成渝地区双城经济圈高校要根据实际情况，进行相应的科研成果转化工作，无论采取何种科研成果转化途径，都需要利用成渝地区双城经济圈高校的科研成果转化，切实提升社会生产力。

此外，对于成渝地区双城经济圈高校的科研实验室建设而言，应以国际化发展理念为指导，确保相关的实验经费支持，引入世界一流的科研实验器材，并积极为科研实验室提供科研物资的持续供给，确保科研实验室的科研物资供给充沛，以此为成渝地区双城经济圈高校的国际化科研体系提供最为基础的物资保障。对于成渝地区双城经济圈高校科研实验室的各种器材，都要进行严格登记，建立相应的计算机数据库，将所有实验器材的信息，以“二维码”的形式标注在实验器材之上，从而在加强实验器材管理力度的基础上，能够在后续的实验器材维护过程中，准确地获取实验器材的购买日期、厂商信息、维修记录等相关信息，切实体现出信息化实验室器材管理的优势。

总体而言，成渝地区双城经济圈高等院校的科学研究工作，应从提升科研团队科研能力入手，积极建设高素质、讲团结、会合作、有能力的专业化成渝地区双城经济圈高校科研团队。而在科研团队有效建设的基础上，成渝地区双城经济圈高校应当积极促进科研成果转化，通过将科研成果贡献给国家以及“产学研”校企融合科研成果转化的途径，切实将成渝地区双城经济圈高校的科研成果，转化为能够促进成渝地区双城经济圈区域经济协调发展的源动力。最后，对于成渝地区双城经济圈高校的科研实验室建设，要在保证实验经费的基础上，积极引入世界一流的科研实验器材，并在持续的成渝地区双城经济圈高校实验室科学研究过程中，为科研实验室提供充沛的实验材料保障，做好实验室器材的信息化维护，以此才能确保成渝地区双城经济圈高校的科研实验室以及科学研究工作，取得实质性的支持，以此构建起成渝地区双城经济圈高校科学研究工作的新局面。

第七章　国外企业与高校合作案例及其对成渝地区双城经济圈高等教育国际化改革的启示

第一节　国外企业与高校合作案例分析

一、美国亚马逊公司通过高校国际化合作实现突破性发展

美国亚马逊公司是美国最大的一家网络电子商务公司，位于华盛顿州的西雅图。亚马逊及其他销售商为客户提供数百万种独特的全新、翻新及二手商品，如图书、影视、音乐和游戏、数码下载、电子和电脑、家居园艺用品、玩具、婴幼儿用品、食品、服饰、鞋类和珠宝、健康和个人护理用品、体育及户外用品、玩具、汽车及工业产品等。

通过对于美国亚马逊公司及其国际化校企合作发展研究，能够为成渝地区双城经济圈高校提供参考和借鉴价值，从而为成渝地区双城经济圈高校的国际化校企合作发展提供更多经验。美国亚马逊公司的高校国际化合作模式见图 7–1。

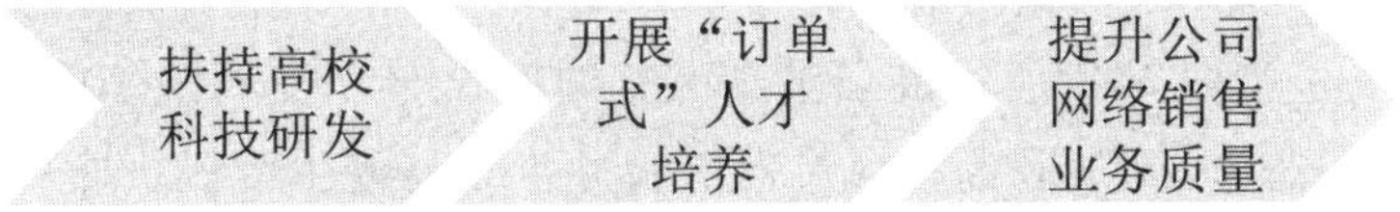

图 7–1　美国亚马逊公司的高校国际化合作模式

在美国亚马逊公司的校企合作过程中，其以基础服务“网络图书销售”为侧重点，帮助全世界合作学校将自身院校撰写或者出版的图书进行网络销售。美国亚马逊公司还与麻省理工学院等国际上的著名理工院校进行校企合作，从而促使美国亚马逊公司的全球业务取得了突破性发展。在美国亚马逊公司的国际化校企合作过程中，其一般会以无息或低息贷款的方式，为合作院校提供科学研发基金，并且给参与科学研发的教师提供额外的薪资。通过与全球 80 多个国家的高等院校实施校企合作，美国亚马逊公司在北美、欧洲、亚太等地区的 90 多个国家开展了相应的商业经济研究工作。

美国亚马逊公司所选择的校企合作对象主要集中于职业院校。一方面，职业院校具有独特的专业技术优势；另一方面，职业院校能够提供更多参与产业实训的实习学生。1994 年美国克林顿政府通过法案，以法律的形式肯定了校企合作的合法性，并要求美国各州政府建立“学校至职场机会”校企合作模式。这为美国亚马逊公司的本土校企合作提供了政策支持，使美国亚马逊公司与 30 多所美国高校签订了校企合作合同。美国亚马逊公司采取“订单式”人才培养模式，在合作国家的合作院校内，签订人才培养订单，并利用相应的实训基地实训，帮助合作国际的实习生、毕业生接触到美国亚马逊公司在本国的核心业务，使其成为美国亚马逊公司的外籍骨干员工。

美国亚马逊公司在校企合作过程中，既扩大了自身的业务范围，也为合作国家培养出了大量的互联网、电商专业人才，促进了合作国家的经济发展。例如，美国亚马逊公司与菲律宾国立大学展开了业务合作，菲律宾国立大学为美国亚马逊公司设计“菲律宾语亚马逊销售网站”，并负责网站维护；美国亚马逊公司负责远程国际物流发货，这不仅促使更多菲律宾国立大学学生获得就业机会，还使合作的双方获得了丰厚的利润。通过跨境电商合作模式，能够将美国亚马逊公司的电子商务平台推广到世界各地，根据世界各国合作高校实际情况，确定美国亚马逊公司在合作国家的相关企业发展战略。

美国亚马逊公司在校企合作过程中，还提供了亚马逊生鲜服务，用户通过手机进行生鲜类商品选择，包括高品质的肉类、生鲜制品、面包、牛奶和家庭必需品等，完成订单后，用户就可以预定一个取货时间和取货店。最后，用户就可以开车去提货店的停车场，由亚马逊的员工将商品送到用户的车上。亚马逊生鲜提货店每周营业 7 天，时间从早 7 点到晚 10 点。这些生鲜提货店将免费为亚马逊金牌会员提供服务，亚马逊生鲜提货店可以帮助快速下单、提货，最快将在下单后 15 分钟就可以直接提货，而且没有最低消费额。

美国亚马逊公司的国际校企合作策略是利用自身的品牌、技术、服务优势，与国外高校展开专业化合作。国际化校企合作发展模式使美国亚马逊公司的网络销售业务遍布全球，从而使其获得了迅速发展。

二、德国戴姆勒股份公司通过高校国际化合作实现全球业务拓展

戴姆勒股份公司总部位于德国斯图加特，是全球最大的商用车制造商，全球第一大豪华车生产商、第二大卡车生产商。公司旗下包括梅赛德斯－奔驰汽车、梅赛德斯－奔驰轻型商用车、戴姆勒载重车和戴姆勒金融服务四大

业务单元。2019 年 3 月 28 日，浙江吉利控股集团和戴姆勒股份公司宣布，双方将成立合资公司，在全球范围内联合运营和推动 smart 品牌转型，致力于将 smart 打造成为全球领先的高端电动智能汽车品牌。合资公司总部设在中国，双方各持股 50%。

戴姆勒股份公司的合作院校主要集中于发达国家与发展中国家的职业院校，国际化校企合作也是利用“订单式培养”模式为 4S 店提供源源不断的专业技能型员工。德国戴勒姆公司的高校国际化合作模式见图 7–2。

图 7–2 德国戴勒姆公司的高校国际化合作模式

2006 年，戴姆勒股份公司正式开展了名为“戴姆勒铸星教育”的校企合作模式，吸引全世界的相关高校积极加入，采用将“实习生培养为正式员工”“技术岗位工作者培养为管理岗位工作者”“学徒培养为奔驰专业技师”的人才培养模式，开展全球范围内的校企合作，我国的武汉城市学院、湖南交通职业技术学院、北京交通运输职业学院相继加入了“戴姆勒铸星教育”项目。例如，在“戴姆勒铸星教育”中，戴姆勒股份公司与湖南交通职业技术学院开展了校企合作，由湖南交通职业技术学院提供实验车间及实习场地，由戴姆勒股份公司提供世界上先进的汽车制造技术，使湖南交通职业技术学院汽车工程学院的学生能够了解奔驰汽车的生产全过程，并且有机会进入戴姆勒股份公司的合资奔驰汽车生产流水线成为一名专业的汽车产业工人。又如，在“戴姆勒铸星教育”中，戴姆勒股份公司与北京交通运输职业学院深入合作，采用“1+2”模式，在总共六个学期的订单式人才培养过程中，第一、二学期引导学生深入学习公共基础知识，第二个学期结束后，根据学生的学习水平及职业发展意愿，将从汽车相关专业班级中选拔学生，建立“奔驰班”。在第三到第五学期，“奔驰班”的学生将进行系统的奔驰汽车专业技术培训，并在第六学期进入梅赛德斯 – 奔驰乘用车经销 4S 店实习，从而开始了专业的产业实训。

与此同时，戴姆勒股份公司注重对校企合作导师的培养，利用戴姆勒股份公司的先进汽车工业技术，使“1+2”订单式人才培养模式的院校教师具备更为现代化的汽车工业技术知识，促进合作院校教师能够更好地教授汽车专业知识，戴姆勒股份公司基于自身公司现有的新能源汽车技术，要求合作院校教师前往戴姆勒股份公司的汽车生产线进行实地考察，从而根据奔驰汽车的市场定位，协助戴姆勒股份公司科研人员开发新能源奔驰汽车。在我国当前的汽车市场中，新能源奔驰汽车已经占据了较大的高端新能源汽车市场份额，并具有较大的发展潜力。

除此之外，戴姆勒股份公司对前往世界各地4S店实训的实习生都进行了专业培训，让老员工带实习生，从而使实习生在老员工的带领和指导下，逐渐掌握汽车维修、汽车养护的相关知识，从而在未来也能够成为下一批实习生的“师傅”，实现“学徒培养为奔驰专业技师”的目的。在将“实习生培养为正式员工”的理念指导下，使主动留在戴姆勒股份公司的4S店的实习生成为正式员工，以此保障了戴姆勒股份公司全球4S店的用工需求。在员工待遇方面，戴姆勒股份公司的4S店除了为员工发放较高的薪资、缴纳五险一金之外，还经常为员工发放各种福利补贴，从而提升员工对戴姆勒股份公司4S店的归属感，构建起了一个相对稳固的戴姆勒股份公司4S店员工团队。此外，戴姆勒股份公司还注重将4S店表现出色的员工，以“技术岗位工作者培养为管理岗位工作者”的原则，进行提拔与培养，让经验丰富的技术岗位工作者担任管理岗位职务，从而能够更好地对相应的专业技术工作展开管理，发挥自身的管理特长。

总而言之，戴姆勒股份公司的校企合作模式是通过与世界各发达国家、发展中国家高等职业院校的合作，积极开展“1+2”订单式人才培养，并且通过与合作院校、合作企业展开的“新能源汽车”研发，使自身企业走在了行业发展的前端。戴姆勒股份公司在全球校企合作过程中，为世界各国的高等职业院校提供了大量的对口专业就业岗位，并且开展了“戴姆勒铸星教育”项目，将“实习生培养为正式员工”“技术岗位工作者培养为管理岗位工作者”“学徒培养为奔驰专业技师”，实现了戴姆勒股份公司在全球4S店的可持续发展，为戴姆勒股份公司全球的4S店提供了源源不断的高素质专业化人力资源。

三、英国汇丰银行利用高校国际化合作实现全球化发展

汇丰集团总部设于伦敦，是全球规模最大的银行及金融机构之一。汇丰集团在欧洲、亚太地区、美洲、中东及非洲的76个国家和地区拥有约9 500家附属机构。汇丰在伦敦、香港、纽约、巴黎及百慕大等证券交易所上市，全球股东约有200 000人，分布于100多个国家和地区，雇有232 000名员工。汇丰银行在全球拥有超过1亿的顾客。

英国汇丰银行在世界金融领域内，具有举足轻重的作用，其核心业务是

理财、贷款、国际信用卡业务。英国汇丰银行具有百年以上的发展历史，并且仍然活跃在当今的世界金融领域。与戴姆勒股份公司类似的是，英国汇丰银行注重利用同经济金融领域的世界各国高校展开校企合作，从而为世界各地的附属机构提供大量的高素质、专业化员工。英国汇丰银行的高校国际化合作模式见图 7–3。

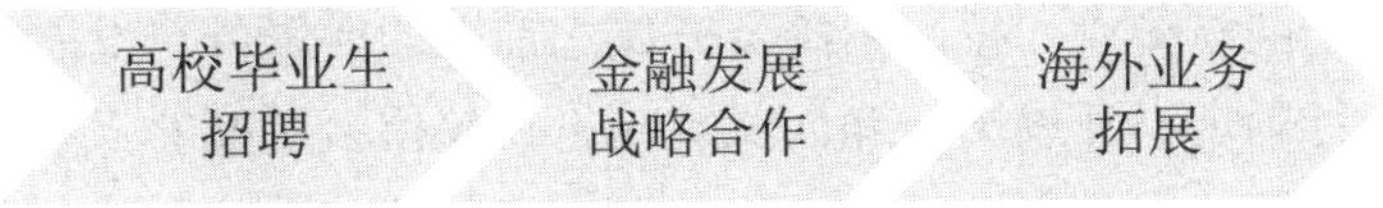

图 7–3　英国汇丰银行的高校国际化合作模式

英国汇丰银行通过直接招聘金融财经类的本科毕业生、硕士毕业生、博士毕业生，补充人力资源。与此同时，英国汇丰银行还为英国本土及海外的员工制定了相应的职业发展规划，使他们能够在英国汇丰银行工作过程中，实现自身的长远发展。英国汇丰银行的这种国际化高校发展模式体现出了其全球发展的金融战略，即利用熟悉本国国情与区域经济发展现状的毕业生作为骨干员工，拓展英国本土以及海外的金融资本市场。

与此同时，英国汇丰银行还积极与世界各国财经高校学者以及金融专家展开合作，根据各国的区域经济发展特点，帮助英国汇丰银行制定在不同国家的金融发展战略，使英国汇丰银行的金融财经业务能够更加适应世界各国的本土区域经济发展，从而提升英国汇丰银行的经营利润。

英国汇丰银行在海外校企合作过程中，还注重汲取当地员工的意见和建议，根据当地经济发展现状，不断进行经营模式的改进与完善。通过采纳英国汇丰银行海外员工的合理经营意见，使英国汇丰银行海外附属机构能够更好地朝着本土化、合理化的方向发展。

就英国汇丰银行在中国的发展情况来看，其主要经营业务是大额贷款、理财业务以及国际信用卡业务。对于大额贷款业务而言，英国汇丰银行为中国的相关企业提供相应的贷款业务。通过英国汇丰银行雄厚的资金支持，中国企业获得了大额资金的融资。对于理财业务而言，则是以北京、上海、广州为中心，通过理财业务收集资本，开展相应的贷款投资，从而获取利率差额，实现理财业务与贷款业务的协同发展。

当今全球疫情背景下，汇丰银行的全球高校合作招聘活动通过事先预约，符合条件的毕业生进行现场招聘的方式开展，从而减少人员的流动与聚集，使更多优质的金融专业毕业生能够参与到英国汇丰银行的招聘过程，继而成为英国汇丰银行的员工。例如，2020 年 11 月，英国汇丰银行与上海理工大学中英国际学院联合开展了汇丰银行校园招聘会。该校园招聘会由上海理工大学中英国际学院校友理事会和职业服务与发展中心联合策划，邀请了汇丰银行市场拓展高级经理江磊和汇丰银行渠道拓展经理桂琳来到学院为同学们提供现场面试的机会，吸引了三十余位大三、大四学生参与。为贯彻落实上海理工大学中英国际学院疫情防控工作要求，本次校园招聘会采用“小规模预约制”的新模式。校园招聘会开始之前，职业服务与发展中心与用人单位汇丰银行确定了开放岗位和面试规模，在校招会举办的三天前确定了最终参与的三十余位同学名单，当天仅针对报名预约的同学开放，并将宣讲会放在 100 座以上的大教室开展。“小规模预约制”的模式不仅有效防止了人员聚集，也提高了校招效率。

由此可见，英国汇丰银行通过与英国本土、北美、欧洲、亚太、澳洲国家或地区的高校合作，吸引优秀的金融专业毕业生加入英国汇丰银行团队，并使招聘到的毕业生根据本土区域经济发展特点，不断完善英国汇丰银行在世界各国的经济发展模式，促使英国汇丰银行的金融业务获得长足发展，从而更好地实现英国汇丰银行的全球化发展战略布局。

第二节　美国亚马逊公司与高校合作对成渝地区双城经济圈的启示

一、注重通过高校国际化合作拓展产品市场

美国亚马逊公司的国际化校企合作具有超过 20 年的发展历史，其开展国际化校企合作的根本目的是拓展自身产品商务市场。

美国亚马逊公司的国际化校企合作模式对成渝地区双城经济圈高等教育国际化改革具有显著的借鉴价值。首先，美国亚马逊公司利用国际化校企合作的途径，拓展了国际产品市场，为公司的国际化发展提供了重要支持。对于成渝地区双城经济圈高校而言，其也应该与国际企业展开校企合作，从而在成渝地区双城经济圈本土引入更多的国际企业，以此促进成渝地区双城经济圈区域经济的协调发展。其次，美国亚马逊公司互联网经济的发展模式十分值得成渝地区双城经济圈高校借鉴。在当今的信息化社会背景下，校企合作应积极发挥互联网 + 优势，创新校企合作模式。最后，美国亚马逊公司的国际化校企合作模式体现了国际化发展思维。成渝地区双城经济圈高校在借

鉴美国亚马逊公司的国际化发展思维基础上，应努力与国际先进企业展开校企合作，从而更好地实现成渝地区双城经济圈高校的国际化发展，促进高等教育国际化改革取得实质性成果。

对于国际化合作而言，杜德斌等在《高校科技国际化：国际经验与中国的实践》中指出："随着科技全球化的深入发展，科技创新已成为经济社会发展的决定性力量、成为维护国家安全和保障国家利益的关键要素。国际科技合作加快了科技创新资源在全球范围内的整合和有效配置，改变了传统的科研组织结构和创新方式，正逐步成为大国外交和国际博弈中的重要筹码。加快科技创新发展、提高自主创新能力，应以全球视野谋划和推动创新，既需要依靠自身的力量，也可以通过开展广泛的国际合作，充分吸收利用全球创新资源。高校承担着培养高级专门人才、发展科学技术文化、促进社会主义现代化建设的重大任务，是中国基础研究的主力军，是促进技术转移和成果转化、解决国民经济重大科技问题的生力军，也是科技创新与国民教育有机融合、培养和集聚创新型人才的主阵地，在国家创新体系建设中具有十分重要的战略地位。面对新的形势和需求，高校应充分认识国际科技合作的重要性，要紧紧抓住世界新科技革命的大好机遇，从国家战略需求和自身发展诉求出发，以更加积极的姿态参与国际科技合作，变被动为主动、从参与创新到主导创新，着力提升国际科技合作的质量和水平，加快增强科学研究和人才培养能力，为实现中国科技创新能力和综合竞争实力的跨越式发展做出新的贡献。"① 由此可见，通过高等院校的国际化发展，既可以创新传统的高校组织结构，也能够更好地提升高校人才培养质量，加强高校的科研实力。在成渝地区双城经济圈高校的国际化发展过程中，我们应充分借鉴美国亚马逊公司的国际化校企合作发展经验，利用国际化校企合作，有效拓展国际产品市场，使成渝地区双城经济圈高校更好地提升国际竞争力，实现高等教育国际化改革的既定战略目标。

对于国际化产品市场开发而言，成渝地区双城经济圈高校要吸取美国亚马逊公司通过高校合作实现产品市场国际化的经验，积极与国际上的知名企业展开校企合作，利用国际化的科研产品开发理念，开发出适应于国际商品市场推广的科研产品，并利用国际知名企业的产品销售网络，将适应于国际商品市场推广的科研产品推广到全世界范围内，从而促进成渝地区双城经济

① 杜德斌，张仁开，龚利，等．高校科技国际化：国际经验与中国的实践 [M]. 北京：中国人民大学出版社，2015:1.

圈高校的国际化发展。与此同时，国际化的产品市场开发也离不开成渝地区双城经济圈高校自身科研能力的提升，成渝地区双城经济圈高校应在借鉴国际合作企业先进的生产技术基础上，积极提升自身的科研能力，利用具有自主知识产权的高校科研产品研发，促进成渝地区双城经济圈高校在国际化校企合作的过程中获得主导地位，以此将国际校企合作的主动权，牢牢地把握在成渝地区双城经济圈高校手中。

美国亚马逊公司的国际校企合作模式是采用“一企多校”的模式，拓展国际产品市场。在此期间，与美国亚马逊公司合作的国际高校利用美国亚马逊公司提供的资源技术支持，建设本地的美国亚马逊公司海外分支机构，以此使美国亚马逊公司及合作高校都能够获得可观的利润。在成渝地区双城经济圈高校借鉴美国亚马逊公司的校企合作经验的过程中，应以“一企多校”的模式开展国际合作。积极发挥成渝地区双城经济圈作为“一带一路”西部起点重要城市群的优势，与“一带一路”沿线国家，展开行之有效的国际化校企合作。通过国际化校企合作，促进成渝地区双城经济圈高校的国际科研竞争力不断提升，有效发挥成渝地区双城经济圈高校的人力资源优势，提升成渝地区双城经济圈高校毕业生就业质量。

成渝地区双城经济圈高校应在未来的国际化校企合作过程中，发挥学校的科研优势及人力资源优势，积极掌握国际化校企合作的主动权。通过学校研发出的核心技术或者尖端产品，利用国际合作企业的渠道，将这些核心技术或者尖端产品推广到全世界，从而提高学校的国际竞争力。

总而言之，美国亚马逊公司的国际校企合作模式主要是通过国际校企合作，拓展其海外市场，从而使自身科研产品推广到世界各地。在成渝地区双城经济圈高校的国际化校企融合发展过程中，我们应积极借鉴美国亚马逊公司的发展经验，通过国际校企合作拓展海外产品市场，利用成渝地区双城经济圈高校的国际化校企合作，将成渝地区双城经济圈高校的科研产品推广到世界各地，从而提升成渝地区双城经济圈高校的国际竞争力，为成渝地区双城经济圈高校以及合作企业带来更多的经济效益。

二、加强高校国际化改革对于企业运营模式的导向作用

美国亚马逊公司通过高校国际化合作实现突破性发展的案例，对于成渝地区双城经济圈高校十分具有借鉴价值。在借鉴美国亚马逊公司国际化校企合作成功经验的过程中，成渝地区双城经济圈高校应当在国际化校企合作的基础上，加强高校国际化改革对于企业运营模式的导向作用，以此通过校企

合作过程，促进合作企业的运营模式不断完善，促使校企合作质量获得实质性提升。

在美国亚马逊公司的国际化校企合作发展过程中，它们注重与合作院校实现利益共享，从而吸引更多国家的高校参与到与美国亚马逊公司的国际化校企合作模式之中。与此同时，美国亚马逊公司注重培养来自国际合作院校的员工，使他们能够加强对美国亚马逊公司的认同感，从而更好地为美国亚马逊公司创造更为突出的劳动价值。

美国亚马逊公司往往通过海外的高校合作伙伴，因地制宜地制定校企合作方案。通过当地合作高校的客观研究，在制定符合当地国情的生成、经营、管理等企业运营模式方案的基础上，更好地促进美国亚马逊公司在适应不同国家及地区的市场需求，还能够快速拓展美国亚马逊公司的海外分支机构，获得更为可观的生产经营收入。在这一点上，成渝地区双城经济圈高校应积极借鉴美国亚马逊公司的海外校企合作发展经验，促进成渝地区双城经济圈高校在国际化合作的过程中，为合作企业的运营提供正确导向。

国际化校企合作的过程，应当是发挥国际合作企业与合作院校双方独有的资源优势、有效创造经济运营新模式与学校科研成果转化新体系的一种高端国际合作模式。田野教授在专著《中国参与国际合作的制度设计》中指出："进入新世纪以来，随着中国崛起进程加快，中国与世界的关系正发生历史性变化。中国通过自身的改革开放逐步'融入'现存的国际体系。中国的国家实力明显增强，国际地位显著提高。某种程度上，中国已经从国际体系的边缘走到中心，中国与世界关系高度相互依赖，中国对世界的全方位影响日益增强、世界对中国崛起的复杂认知和期许相伴而生。与此同时，中国在国际社会中的话语权、国际规则的制定权仍然缺失或不足；随着中国国家利益的全球拓展，中国遭遇外部世界的风险也愈加突出，中国与外部世界的碰撞和矛盾也有所增多。一个对外开放的中国如何认识和看待外部世界，特别是随着中国崛起的态势日益明朗，中国应该如何认识自己过去的发展，如何定位自己的未来角色，如何回应国际上的要求和期待，如何应对各种不同的国际挑战？种种新的问题不断出现，也使一个处在改革开放时期和崛起时代的中国对于国际问题研究的深入发展有更迫切的需要和更高的要求。"① 尤其是在当今世界处于"百年未有之大疫情"的背景下，如何降低高校国际合

① 田野．中国参与国际合作的制度设计：一种比较制度分析 [M]. 北京：社会科学文献出版社 ,2017:1.

作的风险，化解高校国际合作的矛盾，突出高校国际合作的价值，是一个值得我们认真思考的问题。成渝地区双城经济圈高校的国际化校企合作，应当有效借鉴美国亚马逊公司的国际校企合作的经验，利用“求同存异、互利共赢”的理念，促进校企合作，实现优势互补。而对于高风险的合作项目，应当选择主动放弃，基于国际化校企合作理念，谨慎地选择国际性校企合作企业，从而进一步降低国际化校企合作的风险。对于发挥高校对于企业运营模式的导向作用而言，成渝地区双城经济圈高校应在国际性校企合作以及本土化校企合作发展的过程中，积极帮助合作企业更新和完善生产运营观念，使合作企业的生产运营模式，能够有效符合当前的国际化市场经济发展规律，以此进一步提升校企融合发展的优势，促使合作企业及成渝地区双城经济圈高校，获得更多国际化以及本土化校企合作的利润。

在具体的国际化校企合作过程中，成渝地区双城经济圈高校应有效吸引国际先进企业对学校“产学研”融合发展的投资，并且有效建立国际化的产教实训基地，通过将实习生、毕业生培养成为专业化员工的过程，有效地解决成渝地区双城经济圈高校的毕业生就业问题。在此基础上，在合作企业就业的毕业生，应基于自身的国际化发展素养，为合作企业积极提出改进企业生产运营模式的发展建议，以此更好地促进国家范围内的校企合作企业更加适应中国本土以及成渝地区双城经济圈的区域经济发展特点，使国际性的校企合作企业，有效提升在中国本土以及成渝地区双城经济圈的经济运营质量。

在借鉴美国亚马逊公司通过高校国际化合作实现突破性发展经验的过程中，成渝地区双城经济圈高校要把握国际校企合作的主动性。国际合作企业对于中国市场经济发展现状以及成渝地区双城经济圈高校区域经济发展特点不可能完全熟悉，成渝地区双城经济圈高校，应有效利用自身对于中国市场经济发展现状以及成渝地区双城经济圈高校区域经济发展特点的深入了解，为国企合作企业规划出符合“中国特色”，以及成渝地区双城经济圈高校区域经济发展特点的生产经营模式，以此有力地提升国际合作企业与中国市场及成渝地区双城经济圈高校经济环境的契合度。与此同时，国际化校企合作企业，要积极根据成渝地区双城经济圈特点，进行生产、经营、管理的全面优化。成渝地区双城经济圈高校也应发挥自身的科研优势，为海外的校企合作企业提供可靠的生产、经营、管理模式优化方案，以此全面提升海外的校企合作企业的生产、经营、管理运营水平。通过加强高校在国际校企合作过程中的导向作用，有效发挥成渝地区双城经济圈高校的国际化市场经济研究能力，为相关的国际化合作企业建立更为符合本土特点的高校生产运用管理模式。由此可见，利用这样的国际化校企合作发展理念，能够充分发挥成渝地区双城经济圈高校对于本地区域经济发展特点的了解优势，有效建立起“中国化”的国际校企合作运营模式，为相关合作企业以及成渝地区双城经济圈高校带来更多的校企合作利益。

总而言之，在借鉴美国亚马逊公司国际化校企合作经验的过程中，要积极吸取美国亚马逊公司注重海外合作企业本土化发展的思维优势，充分开展国际化校企合作。一方面对于本土合作企业而言，成渝地区双城经济圈高校应积极主导国际化校企合作工作的开展，帮助本土的国际化校企合作企业有效制定运营模式与管理制度；另一方面对于海外合作企业而言，成渝地区双城经济圈高校应积极帮助海外的国际化校企合作企业，有效提出可靠的生产、经营、管理模式优化方案，不断促进海外的校企合作企业完善和优化生产、管理、销售运营模式。通过这样的加强高校国际化改革对于企业运营模式的更新价值的过程，能够更加良好地体现出成渝地区双城经济圈高校的高等教育国际化改革实效，促进成渝地区双城经济圈高校将本校的科研优势以及人力资源优势，通过国际化校企合作的模式，有效转化为先进的生产力，从而为世界、中国以及成渝地区双城经济圈的经济高质量发展，贡献出更为突出的校企合作经济发展促进价值。

三、通过国际化校企合作提升院校及企业的知名度

成渝地区双城经济圈高校的深层次、国际化校企合作能够提升合作企业以及合作院校的国际知名度。合作企业能够基于校企合作的网络宣传、线下宣传，促进公众对企业的发展状况以及合作院校的科研能力及人力资源结构有一定了解，并且加深对合作企业、合作院校的认同感。

知名度对企业的生存和发展起着重要作用。虽然知名度不像产品那样会给企业带来直接的利润，但它却是企业潜在的财富，会间接给企业带来许多好处，因为任何经济交往都是从知道和了解开始的。企业知名度是评价企业形象的重要项目：褒义的知名度是与企业良好的形象相联系的，如建立在优质产品和完好服务基础上的独特商标、商誉等会名扬四海。贬义知名度则反映了低劣的企业形象，如以次充好的劣质产品，损害消费者利益的厂家，难免声名狼藉。因此，任何企业都要把提高自己的知名度、树立良好形象作为公共关系活动的重要内容。提高企业知名度的方法和途径很多，常见的有召开记者招待会、赞助文化活动、组织体育团体、发送广告、举办展览会和展

销会等。

在美国亚马逊公司的国际化校企合作过程中，美国亚马逊公司积极利用世界各地合作学校的网络宣传手段，进行相应的市场广告宣传，使很多不了解美国亚马逊公司的公众，了解了美国亚马逊公司及其主要经营业务，从而提升了美国亚马逊公司的国际知名度。具体在成渝地区双城经济圈高校的发展过程中，首先通过学校网站，为公众发布相关的校企合作信息，之后在校企合作仪式上，邀请社会各界的相关人员参与，直观了解成渝地区双城经济圈高校国际化校企合作的进展，实现提升院校及企业知名度的目的。

成渝地区双城经济圈高校应积极发挥高校的宣传优势，向社会公众展示国际化校企合作对促进成渝地区双城经济圈区域发展、为成渝地区双城经济圈居民生活提供便利的重要作用，积极利用学术交流论坛、校企合作签约仪式、校企合作峰会等线下宣传手段，宣传成渝地区双城经济圈高校国际化校企合作工作的进展，使公众能够在对相关合作高校以及合作企业产生深入了解的基础上，进而增强对相关合作高校以及合作企业的认同感，从而提升合作院校以及合作企业的知名度。校企合作企业的高质量发展需要合作院校积极提供科学研究支持以及人力资源支持。在成渝地区双城经济圈高校科研成果转化的过程中，能够提升企业的生产力以及核心竞争力，利用可持续发展模式，吸引公众的关注，从而提升合作企业以及合作院校的知名度。

对于合作企业而言，为了快速提升企业知名度，可以通过发布广告的形式，面向社会宣传企业的经营理念、经营范围、独有优势。企业发布的广告，分为“公关广告”以及“商业广告”两种类别。对于“公关广告”而言，主要是宣传企业的社会价值，并且向社会及公众展示企业的内在文化定位，从而加深公共及社会对于企业品牌的认同感。而对于“商业广告”而言，主要是宣传企业产品优势、宣传企业的经营模式，从而为企业吸引更多的客户。无论是“公关广告”或“商业广告”的宣传，都能在短时间内迅速提升企业的知名度，从而也带动了合作高校知名度的提升。

以美国亚马逊公司为例，它们在国际化校企合作的过程中，利用企业的“公关广告”发布，为当地民众展现“网络购物”，能够促使人民生活便捷化的优势；利用“商业广告”的发布，宣传美国亚马逊公司网络购物网站的平台及主要的经营范围。这样的“广告宣传”模式，在短时间内提升了美国亚马逊公司的国际知名度，并且切实为美国亚马逊公司带来了国际化校企合作企业所在国的国际影响力。

综上所述，在当今的信息化背景下，国际化校企合作需要努力提升合作院校以及合作企业的知名度。合作院校能够基于自身学校网站宣传的优势，积极宣传国际化校企合作意向的达成以及校企合作企业的发展现状，从而提升合作院校与合作企业的知名度。同时，通过学术交流论坛、校企合作签约仪式、校企合作峰会等线下宣传手段，为公众展示国际化校企合作的优势与进展，达到提升合作学校以及合作企业知名度的目的。相关的合作企业要从经营管理理念的提升开始，积极与合作院校展开科研成果转化工作，在提升企业生产力的基础上，利用产品或服务的市场认可，提升自身的知名度。除此之外，合作企业还能够通过电视、报纸等传统媒体以及互联网等新媒体，发布企业广告，从而在短时间内迅速提升合作企业的知名度。当然，知名度的提升必须在美誉度的基础上才具有实际价值，如果合作院校与合作企业的美誉度低下，那么知名度的提升就无从谈起。为了确保国际化校企合作发展的美誉度提升，合作院校应谨慎选择合作企业，要与社会责任感强、经营理念健康的优质企业展开合作，从而在未来合作创办企业的过程中，更好地确保合作院校与合作企业的美誉度，获得知名度、美誉度协同提升的优质校企合作效果。

第三节　德国戴姆勒股份公司与高校合作对成渝地区双城经济圈的启示

一、利用企业与高校的国际化合作，创新产业技术

借鉴戴姆勒股份公司的成功国际化校企合作经验，在国家高等职业教育本科化理念的倡导下，成渝地区双城经济圈的高等职业院校纷纷加快了专业、学科、课程、师资力量的本科化进程。对于职业院校的校企合作而言，赵国忠在《职业教育校企合作问题研究（上）》中指出："校企合作的内涵包括广义与狭义两种。广义的校企合作是指校企合作和工学结合，是高职院校和相关企业或行业在共同育人方面遵循平等互利的原则进行优势互补的合作，也是一种将学校的教育资源和企业的各种资源进行整合的结合。这种结合要求是学校把课堂设置到企业，让学生在企业生产经营过程中进行学习；而企业则把学生视为正式员工，按企业要求进行管理和考核，以培养适合企业或行业需要的应用型人才为主要目标的教育模式。广义校企合作的重点是强调学校和企业实行有机结合的办学模式。狭义的校企合作是一种以市场和

社会需求为导向的运行机制，是学校和企业方共同培养人才的合作。它以学生的全面素质、综合能力和就业竞争力为重点，利用学校和企业两种不同的教育环境和教育资源，采用课堂教学与实践操作相结合的方法来培养适应不同用人单位需求的应用型人才。狭义校企合作研究者侧重强调校企合作中学校的主导作用，即学校如何制定教学目标、教学计划，如何进行课程设置等内容。但是两种定义都在不同的层面上揭示了校企合作的日标，并且指明了不同的研究方向。”① 由此可见，高等职业院校的校企合作不仅是为社会培养专业型对口人才，更为重要的是促进合作企业的可持续发展，从而为整个经济社会的发展贡献出自己的力量。

通过借鉴戴姆勒股份公司的国际化职业人才校企合作模式，成渝地区双城经济圈的高校，特别是高等职业院校，要积极开展“订单式”人才培养，利用为合作企业输送高素质、专业化对口人才的方式，帮助合作企业创新产业技术。在高等教育国际化改革的背景下，成渝地区双城经济圈高校的专业化人才能够利用在高等教育国际化改革中养成的国际化专业素养，在合作企业的工作过程中，改良工作方法、创新工作模式，从而达到创新合作企业产业技术的目的。在此基础上，成渝地区双城经济圈高校要协同合作企业，借鉴戴姆勒股份公司的职业人才发展模式，培养出更多的技能型人才。

在国际化校企合作过程中，成渝地区双城经济圈高校应本着帮助合作企业提升产能、创新产业技术的宗旨，为合作企业提供经营、科研、人力资源方面的指导与支持，使其能够在世界经济的大潮中实现不断发展，从而为成渝地区双城经济圈的区域协调发展创造更多经济价值。在帮助合作企业创新产业技术的过程中，成渝地区双城经济圈高校应积极以国际化发展理念，对合作企业的核心技术展开专业的科学研究，并在成渝地区双城经济圈高校产业实训基地或者合作企业的一线生产车间，依靠本校的实习生、毕业生，探索创新性产业技术。在校企合作过程中，合作企业有义务为合作院校提供相应的资金支持，并且在高校产业实训基地或者合作企业的一线生产车间，为创新性产业技术的实际运用提供便利条件。通过高校科研成果在合作企业的转化，将合作院校的科研力量直接转化为成渝地区双城经济圈的社会生产力，从而在促进成渝地区双城经济圈区域经济协调发展的基础上，体现出成渝地区双城经济圈高校的科研优势，为更多的合作企业提供产业技术创新指导，从而为双城经济圈的区域经济协调发展创造更多的价值。

---

① 赵国忠 . 职业教育校企合作问题研究（上）[M]. 汕头：汕头大学出版社 ,2018:9.

在当今“大众创业，万众创新”的背景下，企业的产业技术创新能力是推动企业实现可持续发展的重要动力，通过产学研校企合作的科研创新过程，能够为合作企业提供更为具有发展价值的创新性生产技术或创新性生产管理理念，促使合作企业在转型升级的过程中具有更强的竞争力。

综上所述，戴姆勒股份公司的高等职业院校合作模式与人才发展理念十分值得成渝地区双城经济圈高校，特别是高等职业院校借鉴。在当今高等职业教育本科化理念的倡导下，成渝地区双城经济圈高校应在国际化校企合作过程中，积极培养专业技能型人才，从而为合作企业源源不断地输送优质劳动力，也能够更好地改善成渝地区双城经济圈的高校毕业生就业现状。成渝地区双城经济圈高校应该在“产学研”深度融合的背景下，根据合作企业的长远发展需要，不断加强科研力量，研究出一批有利于合作企业发展的国际化尖端产业技术，从而进一步提升合作企业的产业技术创新价值。利用“产学研”深度融合的模式，能够为成渝地区双城经济圈打造出一批具有核心技术与核心竞争力的优质校企合作企业，在促进成渝地区双城经济圈经济发展的同时，为合作高校的实习生、毕业生提供更多对口专业的工作岗位，更好地促进成渝地区双城经济圈区域经济的高质量发展，为成渝地区双城经济圈人民带来更多福利。

二、通过国际化校企合作，建立全球产业链

德国戴姆勒股份公司通过高校国际化合作实现全球业务拓展，这一点对成渝地区双城经济圈高校的国际化校企合作具有很好的参考借鉴价值。通过成渝地区双城经济圈高校的国际化校企合作模式，应在选择具有发展潜力的合作企业基础上，帮助合作企业建立全球产业链，从而使成渝地区双城经济圈高校实现全球范围内的产学研校企合作发展。

21 世纪经济报道在《疫情下的全球产业链调查（《21 世纪经济报道》深度观察）》指出：“现在，全球供应链与价值链的确在市场化重组，但重组依然以中国为中心进行。首先，随着中国向制造业高价值端前进，进一步强化了亚洲经济体与中国的产业联系，使全球价值链的区域化属性加强，亚洲地区在全球产业链、价值链的地位更加巩固。中国是韩国、日本、东盟的第一大贸易伙伴。其次，中国不断增长的庞大需求以及持续的产业升级，使产业链、价值链更加本土化，这表现在中国经济增长动力中内需的贡献率不断提升，而外贸的比重在不断降低。比如，中国企业在电子信息产业领域的供应链不断取得进步，面板、智能芯片以及其他重要的零部件国产化率越来越

高；在新能源汽车领域拥有全球最完整的产业链，吸引了诸多国际企业来华设厂。中国出现了华为、中芯国际、宁德时代、比亚迪、中车、富士康等一大批引领产业发展的企业，正在培育出国内完整的具有竞争力的产业链。与此同时，中国在轻工制造和劳动密集型产业依然占据全球最大出口国的地位，生产全球一半的服装和纺织品。”① 成渝地区双城经济圈高校应当积极抓住当前国际产业链重组的机遇，利用国际化“产学研”校企融合的发展模式，帮助合作企业建成国际化产业链。

基于中国独有的产业优势，成渝地区双城经济圈高校应积极发挥国际化校企合作优势，与世界范围内具有发展潜力的企业展开合作。通过国际化校企融合发展过程，促进一批具有实力的国际化合作企业建立全球产业链，真正成为世界知名企业。在具体的国际产业链构建中，成渝地区双城经济圈高校应提升自身的高等教育国际化改革实效，结合“一带一路”倡议，选择具备发展潜力、具有雄厚实力的国际企业展开校企合作。国际化校企合作的企业应更多地倾向于“一带一路”中发展中国家的创新型企业，利用与“一带一路”国家创新型企业的合作，建立能够在全球稳定发展的国际产业链。

构建全球产业链是一项艰巨的任务，在成渝地区双城经济圈高校“产学研”国际化校企合作的背景下，成渝地区双城经济圈高校能够凭借其高等教育国际化改革的成果，努力实现这一艰巨任务。相信在不久的将来，越来越多的成渝地区双城经济圈高校能够运用“产学研”校企融合发展的模式，占领国际市场，建成核心技术掌握在成渝地区双城经济圈高校中的国际化企业以及全球产业链。

在建设全球产业链的过程中，成渝地区双城经济圈高校需要具备国际尖端的科学技术研究能力，寻找出在国际经济复苏乏力的背景下，能够满足国际市场及社会需求的创新性产业。充分利用成渝地区双城经济圈高校的高等教育国际化改革优势，积极与发达国家和发展中国家的企业展开合作，帮助合作企业发展成为具备国际产业链条的高质量企业。

为了更好地构建全球产业链，成渝地区双城经济圈高校还能够通过自主成立科技企业，利用高校科技企业与世界各国企业的合作，建立全球产业链。由成渝地区双城经济圈高校主导的自主科技企业能够更好地与世界各国的企业展开科研合作、资本合作，从而在“一校多企”的“产学研”校企国

① 21世纪经济报道.疫情下的全球产业链调查(《21世纪经济报道》深度观察)[M].杭州：浙江出版集团数字传媒有限公司，2020:3.

际化合作的基础上，提升由成渝地区双城经济圈高校主导的科技企业的世界影响力。

总而言之，在国际化校企合作开展过程中，成渝地区双城经济圈高校要制定长远的国际化校企融合发展目标，以建立全球化的高端国际产业链为基础，促使成渝地区双城经济圈高校能够在国际经济发展的大潮中，发挥“世界一流大学”以及“世界一流学科”的优势，积极开展国际化校企合作。在当前国际背景下，机遇与挑战并存。通过成渝地区双城经济圈高校的国际化校企合作，在“一校多企”的国际化校企融合发展过程中，充分发挥成渝地区双城经济圈高校的科研优势、人力资源优势，实现成渝地区双城经济圈高校的国际化发展。

三、实现成渝地区双城经济圈高等教育改革的成果转化

戴姆勒股份公司通过国际化校企合作取得全球性发展的案例表明，高校的校企合作能够为社会带来巨大的经济利益，而当前的成渝地区双城经济圈的高等教育国际化改革成果转化成为成渝地区双城经济圈高校必须要面对的一个关键性问题。

王婉在《科技创新与科技成果转化》中指出：“对中国而言，随着现代化经济以及科技的快速飞跃，所需面对的国内外创新环境和难题也日益复杂，存在着巨大的不确定性与风险。在这种复杂与不确定情境下，我国现代科技创新的发展与完善，正逐渐呈现多元化和精细化的趋势。科技创新的应用离不开科技成果的转化，科技革命和产业变革离不开好的机制体制的支撑，好的科技和产业化的机制体制为创新和发展提供了制度框架。”① 这表明了我国的科研成果转化具有较强的市场需求，而创新机制则是科研成果转化过程中不可或缺的重要条件。

从德国戴姆勒股份公司通过国际化校企合作实现全球业务拓展的案例中可以看出，戴姆勒股份公司在海外开展的校企合作，在本质上就是招募或者“订单式培养”高素质汽车专业工人。在成渝地区双城经济圈高等教育改革过程中，以国际化发展理念为指导，在建设“世界一流大学”以及“世界一流学科”的过程中，将自主科研成果转化为能够促进成渝地区双城经济圈区域经济协调发展的强劲动力。

① 王婉．科技创新与科技成果转化 [M]. 北京：中国经济出版社，2018:3.

与此同时，在实现成渝地区双城经济圈高等教育改革成果转化的过程中，要积极利用互联网思维，实现信息化模式下的高等教育国际化改革成果转化，通过网络销售、网络数据库等信息化建设，促进成渝地区双城经济圈高校的信息化发展；利用“产学研”校企融合发展的模式，推动成渝地区双城经济圈区域经济协调发展；利用信息化经济与实体经济协同发展的理念，促进成渝地区双城经济圈高等教育改革成果转化为成渝地区双城经济圈区域经济协调发展的重要动力。

成渝地区双城经济圈的高等教育改革不仅对成渝地区双城经济圈具有重要的经济促进作用，还对全国乃至全世界经济发展具有促进作用。成渝地区双城经济圈高校应积极发挥高校的科研优势，利用尖端的科研成果，提升装备制造业的生产效能；利用先进的管理理念，为合作企业制定全新的企业发展规划；利用“互联网 +”理念，促使合作企业实现信息化高效发展。

当然，成渝地区双城经济圈的高等教育改革成果转化，不仅对促进经济发展具有重要意义，还能进一步改革和完善政府决策机制。在成渝地区双城经济圈政府决策过程中，需要悉心听取成渝地区双城经济圈高校的意见及建议，并根据成渝地区双城经济圈高校的意见及建议及时做出政策调整，不断完善政府职能。

总而言之，实现成渝地区双城经济圈高等教育改革成果转化，一方面通过国际化校企合作，为成渝地区双城经济圈的经济协调发展做出贡献；另一方面要从对人才的培养入手，将成渝地区双城经济圈高校毕业生培养成为具有高度专业素养的专业技能型人才，从而为成渝地区双城经济圈的可持续发展贡献更多高素质的国际化人力资源。另外，利用高等教育国际化改革成果转化，提升成渝地区双城经济圈政府管理能力，建成学习型政府、服务型政府、惠民型政府。高等教育国际化改革任重道远，成渝地区双城经济圈的各高校要积极吸取国际先进改革经验，在积极建设“双一流”高校的基础上，提升人才培养质量，从而更好地将高等教育国际化改革成果转化为推动经济高质量发展的强大动力。

第四节　英国汇丰银行与高校合作对成渝地区双城经济圈的启示

一、基于校企国际化合作，拓展企业受众群体

英国汇丰银行利用校企国际化合作，实现全球化发展的案例表明，通过国际化校企合作，能够在全球范围内为企业拓展受众群体范围。英国汇丰银行的成功，其根本原因就在于具有广泛的受众群体，利用英国汇丰银行在世界各地的校企合作模式，为各收入阶层的人群提供专属的金融服务，从而达到将广泛受众群体发展为广大企业客户的目的。

受众概念简而言之就是指信息传播的接受者，包括报刊和书籍的读者、广播的听众、电影电视的观众，第四媒体网络的兴起，使受众的范围越来越大。自大众传播学成为一门科学以来，谁是新闻传播活动的中心，一直是众多学者研究和讨论的焦点之一。早期的传播学者从宣传的角度出发，先后提出了枪弹论、强效果论等理论，其实质就是把受众看作被动的信息接受者，很明显，在这些理论中，传者是居于中心地位的。随着研究的发展，传播学者们发现受众并不是单纯的、被动的接受者，也不是同质的，不同的受众对同一传播信息会产生不同的反应，受众在传播过程中的作用开始受到重视。受众的特点真正实现从传者中心论到受众中心论的转变是在20世纪60年代。受众中心论的研究者认为，受众是传播的主动者，媒介是被动者。受众并不是消极地接受信息，而是积极地寻求信息为自己所用。这也就是所谓的受众本位意识论。根据这样的论断，我们可以将企业受众群体理解为潜在的企业客户群体，一个企业的发展，离不开大量的高质量受众群体。

在成渝地区双城经济圈高等教育国际化改革的背景下，成渝地区双城经济圈高校要基于“产学研”校企融合发展，帮助合作企业拓展受众群体范围，利用互联网宣传及线下宣传相结合的方式，使更多的公众成为合作企业的受众群体，为企业创造更多价值。

在国际化校企深度合作背景下，应借鉴英国汇丰银行利用高校国际化合作实现全球化发展的案例经验，利用合作高校的优势，从多角度帮助合作企业拓展受众群体范围。与高校展开校企合作的企业往往都是具有一定技术优势的企业。这些企业往往蕴含着广泛的潜在受众群体，如果合作高校帮助合

作企业挖掘出更多的潜在受众群体资源，那么合作企业的经营利润将呈几何级数增长。

总而言之，受众群体是在市场经济发展过程中的潜在企业客户，一个成功的企业必须具有广泛的受众群体，这样才能逐渐将这些受众人群发展成为企业的客户。借鉴英国汇丰银行利用高校国际化合作实现全球化发展的案例，成渝地区双城经济圈高校在开展国际化校企合作过程中，要帮助合作企业拓展受众群体范围，挖掘更多潜在的受众群体，从而实现校企合作双赢。

二、通过校企国际化合作，创新企业运营模式

借鉴英国汇丰银行利用校企国际化合作实现全球化发展的经验，成渝地区双城经济圈高校可以遵循高等教育国际化改革的路径，开展世界范围内的校企合作，并且根据英国汇丰银行的国际化校企合作发展模式，为合作企业创新企业运营模式。

范桃根在《运营力：企业内部运营与资本增值》中指出："企业利润来源于资源转换升值带来的资本增值，经营管理的对象就是资源与资本价值。资本到底要变成小麦还是大米，或是米饭，是企业运营的核心问题。经营要解决资本转化为资源的问题或资本投入问题；管理要解决资源价值效益问题或资源价值升值问题。也就是说，拿钱出来种小麦还是种大米，是经营要解决的问题；100 元的种子能种出多少钱的小麦或大米是管理的问题。经营管理者不能深刻理解这个问题，则可能累死累活，徒劳无功。花钱请人，请这个人干什么，如何发挥出这个人的资源价值；花钱买设备，设备如何管理，如何挖掘设备的最大资源价值。这就是经营管理最本质的问题。"① 由此可知，企业运营的根本目的就是创造更大的利润，使企业的资本不断增长。

在国际化校企合作的过程中，成渝地区双城经济圈高校应积极遵循高等教育国际化改革理念，促进合作企业创建全新的管理运营模式，从而在提升合作企业盈利能力的基础上，为合作企业及合作院校带来更为直接的经济效益。从英国汇丰银海国际发展案例可以看出，英国汇丰银行在世界各地的分支机构，其运营、管理模式都是当地的校企合作人员制定的，并且取得了良好的效果。这种经验十分值得成渝地区双城经济圈高校进行借鉴，在校企合作的过程中，积极为企业创新运营模式，促使合作企业能够以崭新的姿态在市场经济大潮下茁壮成长。

① 范桃根 . 运营力：企业内部运营与资本增值 [M]. 北京：机械工业出版社，2017:6.

在具体的校企合作过程中，成渝地区双城经济圈高校应积极借鉴英国汇丰银行的国际化校企合作发展经验。英国汇丰银行的国际化发展案例，使我们可以认识到，优秀的成渝地区双城经济圈高校毕业生，能够担任合作企业的中高层管理人员。在他们管理企业的过程中，应当与母校展开积极合作，不断根据成渝地区双城经济圈以及国内外不同的区域经济发展特点，制定符合本土化特点的企业运营策略。成渝地区双城经济圈高校毕业生进入企业担任中高层管理，能够有效地完善合作企业的管理、运营模式，积极从母校获得企业管理指导，从而在新发展理念下，切实提升校企合作的质量，实现合作企业与合作高校的协同发展。

现代化的企业，要生存、要发展，离不开管理运营模式的创新，而在国际化校企合作以及本土化的校企合作基础上，成渝地区双城经济圈高校积极发展 MBA（工商管理硕士）教育，为合作企业以及其他企业的中层管理者，有效引入世界范围内先进的工商管理理念。通过 MBA 教育过程，能够促进成渝地区双城经济圈高校的“产学研”校企融合发展，建立专业化的工商管理教育体系，促进企业中高层管理者不断优化企业发展战略，并根据企业的现有情况，制定出符合当前企业发展特点的运营策略。

通过这样的校企深度融合，能够基于高等教育国际化改革的成果，整体性提升企业发展质量，促使合作企业利用全新的运用模式，有效地在成渝地区双城经济圈乃至全国、全世界范围内，都能够获得突破性进展。合作企业运用管理模式的构建，不单单是合作院校的责任，合作企业的中高层管理者，都要参与到创新合作企业运营管理模式的大讨论之中，从而集思广益，为合作企业创造出适应成渝地区双城经济圈区域经济乃至全国、全世界区域经济发展需要，能够实现合作企业的可持续发展。

先进的企业运营、管理模式，一定是适应市场发展需要的，当前我国市场经济，特别是成渝地区双城经济圈的区域经济，正在后疫情时代的背景下发展复苏，其经济回升的力度前所未有。在后疫情时代，国家大力倡导新发展理念，为校企深度融合发展带来了前所未有的机遇。相关的合作企业应当在合作高校的协助下，有效创新企业的运营、管理模式，促进校企合作的高质量发展。在成渝地区双城经济圈区域经济发展的大环境下，合作企业应当积极承担企业社会责任，以校企合作企业的发展为成渝地区双城经济圈贡献出更多的经济发展促进作用，积极构建新型国际化校企合作企业运营理念，让合作企业不仅能够获得可观的经济利益，同时获得更为良好的社会美誉度，为企业树立起优质的公众形象，从而全面促进国际化背景下的国际校企合作与本土校企合作的可持续发展。

总而言之，成渝地区双城经济圈高校在国际化校企合作过程中，要充分根据成渝地区双城经济圈的区域经济发展现状，以及全国、全世界的经济发展新常态，积极进行运营模式与管理模式的调整与改革，促使合作企业能够适应新发展理念下经济发展趋势，通过合作企业运营、管理模式的全面升级，促进成渝地区双城经济圈乃至全国、全世界的市场经济发展，并由合作高校与企业管理层的密切配合，为企业制定长期可持续发展的运营战略。

三、通过国际化校企合作，提升企业员工素质

企业员工是实现企业可持续发展的重要人力资源，而企业员工的素质是决定企业生产力高低的关键因素。为了更好地基于高等教育国际化改革理念，促进“产学研”校企融合发展，在国际化校企合作过程中，作为企业发展核心动力的员工，对于合作企业的高质量、可持续发展具有关键性的促进作用。成渝地区双城经济圈高校在开展国际化校企合作的过程中，需要提升自身院校毕业生、实习生的专业素养与职业道德，为合作企业贡献出源源不断的高素质人力资源。与此同时，成渝地区双城经济圈高校在校企合作的过程中，还应基于学校的科研工作实施过程，帮助合作企业制定员工素质长期培养规划，不仅对本校的毕业生、实习生开展专业化培养，还要为合作企业的全体员工进行在职培训，从而提升合作企业的员工专业素质。

根据英国汇丰银行利用高校国际化合作实现全球化发展的经验，可以看出他们获得国际化发展的根本原因就是从合作高校引入大量的金融专业学生作为企业员工，从而提高企业员工团队的职业素养。

在成渝地区双城经济圈高等教育国际化改革的背景下，成渝地区双城经济圈的高等职业院校要在积极加大人才培养力度的基础上，建设“产学研”校企融合发展的企业实训基地，利用“订单式”人才培养过程，使实习生、毕业生通过专业理论学习以及产业实训，成为合作企业的骨干劳动者。

一家企业想要通过国际化校企合作获得全球性发展，就必须充分重视海外校企合作国家的员工培养，利用熟悉本国国情的员工，成为其海外附属机构的主力军，积极倡导本科生、硕士生、博士生加入英国汇丰银行海外附属机构，利用自身专业知识，更好地拓展英国汇丰银行的海外业务。

对于员工能力培养是一个方面，而对于员工的心理教育则是一个更为重要的方面。“心态决定状态。大多数职场人的失败并非由于才智平庸，也不是因为时运不济，而是由于在事业长跑中没有保持一种健康的心态，使自己

最终无法触摸到成功的终点线。与其说他们是在与别人的竞争中失利，不如说他们输给了自己不成熟的心态。当你摆正自己的心态，戒除浮躁，怀抱一颗感恩之心，正视自我，幸福地工作时，你就会发现，工作中的每一天都是一段新的体验，乐趣自在其中。”[①] 员工的心理教育要在基于对员工充分关爱的基础上，促进员工将自身的长远职业发展规划以及近期职业发展目标与合作企业的发展规划紧密结合，从而在提升员工工作积极性的基础上，使员工在工作中享受快乐，从而更好地完成各项工作任务。

员工综合素质的提升对合作院校与合作企业都具有重要作用。对于合作院校来说，能够利用学校的科研优势，提升员工的专业能力及职业素质。对于合作企业来说，通过合作高校员工素质培训，能够在提升员工专业技能的基础上，进一步提升员工团队的凝聚力，从而更好地促进日常工作的开展。

与此同时，通过对英国汇丰银行的校企合作发展案例分析可以看出，成渝地区双城经济圈高校应当基于校企合作发展契机，为合作企业员工制定相应的长远职业生涯发展规划，促进合作企业员工在与企业的共同发展过程中，获得能力的发展以及职务的提升，从而使合作企业的员工加深自身对于合作企业的认同感与归属感，为合作企业建立起坚实的人力资源基础。

总而言之，校企合作的开展，对于成渝地区双城经济圈高校的转型升级具有至关重要的意义。成渝地区双城经济圈高校要想在国际校企合作与本土校企合作中获得实质性发展，就必须基于高等教育国际化改革理念，帮助合作企业从根本上提升员工素质。对于成渝地区双城经济圈高校的实习生、毕业生的教育，应在校企合作基础上，注重职业道德教育、职业素养教育，从而促使参与校企融合发展的实习生、毕业生提升自身职业素质，更好地为合作企业以及合作高校的发展发挥出积极作用，实现合作企业、合作高校以及企业员工的高质量协同发展。

① 游一行. 优秀员工要有好心态好方法好素养 [M]. 北京：中国纺织出版社，2011:2.

第八章　成渝地区双城经济圈高校未来发展展望

第一节　成渝地区双城经济圈高校将持续增强院校建设力度

一、更多成渝地区双城经济圈高校将成为“世界一流大学”

“世界一流大学”的建设，是我国建成高等教育强国的重要步骤，在成渝地区双城经济圈高校的未来发展过程中，“双一流”建设力度必将持续加强，使更多高校成为“世界一流大学”。成渝地区双城经济圈高校在现今的高等教育国际化改革过程中，已经普遍积累了相应的“世界一流大学”建设基础，高等教育国际化发展理念深入人心，在未来的“双一流”大学建设中必将凸显出相应的优势。成渝地区双城经济圈高校建设“世界一流大学”的过程，不仅对于成渝地区双城经济圈的教育事业具有重要意义，同时也是成渝地区双城经济圈区域发展优势的重要体现，在未来的发展过程中，我们相信更多成渝地区双城经济圈的高校，能够发挥出高等教育国际化改革的优势，跻身于我国“双一流”建设体系之中。

（1）成渝地区双城经济圈的高等教育国际化发展，既肩负了振兴国家高等教育的使命，同时也能够对于成渝地区双城经济圈的区域协调发展，发挥出更为积极的高校贡献价值；而“世界一流大学”的建设，是成渝地区双城经济圈高校的综合实力体现。具体对于成渝地区双城经济圈高校的办学基础而言，四川大学、重庆大学以及电子科技大学，已经被选定为国家“双一流”建设A类高校，其余成渝地区双城经济圈高校联盟院校，也通过高等教育国际化改革，具备了良好的办学基础。我们相信在未来的发展过程中，更多成渝地区双城经济圈高校联盟，必将基于高等教育国际化改革基础，被正式纳入国家“双一流”建设高校的行列之中。在未来的发展过程中，成渝地区双城经济圈高校联盟应以高等教育国际化改革为契机，充分发挥“世界一流大学”的引领作用，在不断提升高校育人能力的同时，积极发挥成渝地区双城经济圈高校联盟的院校合作作用，构建起以“双一流”大学为主导、其他院校共同参与的成渝地区双城经济圈高校发展建设模式，促进更多成渝地区双城经济圈高校实现跨越式发展。

（2）高等教育国际化改革与建设“世界一流大学”，具有相辅相成的关系。通过成渝地区双城经济圈高等教育国际化改革的过程，能够促使相关高校，以国际化育人理念为指导，充分提升高校教育能力及教育质量，为我国培养出一批具有国际化素养的应用型人才。在未来的“世界一流大学”建设过程中，成渝地区双城经济圈高校应继续深化高等教育国际化改革，利用国际化的办学标准，切实提升高校的核心育人能力与国际竞争力，争取通过高等教育国际化改革与“世界一流大学”建设的协同合力，真正实现成渝地区双城经济圈高校教育水平的整体性提升。具体在未来的成渝地区双城经济圈高等教育国际化改革过程中，各高校应以建设“世界一流大学”为目标，并且积极促进高校教学、科研工作实现国际化水平发展，同时注重落实“立德树人”根本任务，努力培养德才兼备的人才，从而全面加强成渝地区双城经济圈高校的核心竞争力，促使更多成渝地区双城经济圈高校进入国家“双一流”建设的行列之中。

（3）诚然，成渝地区双城经济圈部分高校距离“世界一流大学”的标准尚存在一定的差距，但是在未来的发展过程中，这些存在差距的高校仍然应当以高等教育国际化改革为契机，努力提升本校的教学、科研实力，并且积极通过“产学研”校企融合发展的模式，为成渝地区双城经济圈的经济发展做出卓越贡献。对于存在较大差距的成渝地区双城经济圈高校而言，今后的院校发展应注重找问题、补短板，利用高等教育国际化改革理念，促进这些院校逐渐缩短与“世界一流大学”的差距。对于成渝地区双城经济圈的全体高校而言，今后还应注重协同提升学校的教学与科研能力，并通过学校科研成果的高质量转化，促进成渝地区双城经济圈区域经济协调发展，并且努力利用“产学研”校企融合发展模式，为成渝地区双城经济圈的市场经济发展提供更大的助力，同时更好地解决成渝地区双城经济圈高校毕业生的就业问题，从而实现院校育人质量与社会价值的协同发展，显著提升成渝地区双城经济圈的区域竞争力。

二、“世界一流学科”建设步伐进一步加快

“世界一流学科”建设与“世界一流大学”建设是“双一流”大学建设的两个关键点，我们相信在未来成渝地区双城经济圈高校的发展过程中，成渝地区双城经济圈高校的“世界一流学科”建设步伐一定会进一步加快，并

充分利用高等教育国际化改革的有利条件，为成渝地区双城经济圈的区域经济协调发展，做出更大的贡献。具体而言，在未来成渝地区双城经济圈高校的“世界一流学科”建设过程中，首先应注重学科建设与区域经济协调发展的协调统一；其次要重视学科建设与国际化先进发展理念充分接轨；最后要积极促进高校学科建设实现社会化发展。通过“世界一流学科”的建设过程，能够有效缩短成渝地区双城经济圈高校，与京津冀经济圈、长三角经济区、粤港澳大湾区高校的发展差距；并基于“产学研”校企融合发展途径，通过“世界一流学科”的建设，积极开展以校企合作为主体的高校科研成果转化工作，从而整体带动成渝地区双城经济圈实现区域经济协调发展。

（1）对于注重学科建设与区域经济协调发展的协调统一而言，成渝地区双城经济圈高校在未来的“世界一流学科”建设过程中，应基于学科创新理念，根据成渝地区双城经济圈的区位特点以及区域经济协调发展现状，科学制定学科建设计划，务求促使成渝地区双城经济圈高校的学科设置，更符合成渝地区双城经济圈的区位特点以及区域经济协调发展情况。在积极开展学科创新性建设的基础上，成渝地区双城经济圈高校应以开放性的办学理念，利用高校学科建设的手段，重点攻克成渝地区双城经济圈经济社会发展过程中的疑难问题，从而在不断的学科建设与完善更新过程中，实现高校学科与成渝地区双城经济圈区域经济协调发展的辩证统一。在学科建设及学科创新的同时，成渝地区双城经济圈高校还应根据本地区的高校学科发展基础，有效加强高校学科建设的师资力量，吸引更多国内外杰出教师人才，加入成渝地区双城经济圈高校的教师团队之中，为今后的成渝地区双城经济圈高校“世界一流学科”建设，提供更为坚实的人力资源保障。

（2）对于重视学科建设与国际化先进发展理念充分接轨而言，成渝地区双城经济圈高校在当前的高等教育国际化改革基础上，还应继续加强高等教育国际化改革的力度与深度，以建设“世界一流大学”以及“世界一流学科”为发展目标，积极借鉴国内外先进高校的办学及发展经验，促进成渝地区双城经济圈高校能够利用高等教育国际化改革的基础，建立更多的“世界一流学科”。我们相信在未来的成渝地区双城经济圈高校国际化发展过程中，成渝地区双城经济圈高校的国际化开放程度必将会持续加深，基于“世界一流学科”建设的发展契机，积极开展与国际先进院校的国际教师交流以及选派生交换工作，促使成渝地区双城经济圈高校成为我国向世界展示中国特色社会主义发展建设成果的一面镜子，进一步加强中国高校在世界范围内的影响力。与此同时，成渝地区双城经济圈高校的“世界一流学科”建设，还应积极地将国际上先进的发展理念及科学技术，进行符合“中国特色”以及成渝地区双城经济圈区域经济协调发展特点的本土化改良，促使国际领域的先进发展理念及科学技术，充分转化为促进全国以及成渝地区双城经济圈生产力发展的新产能、新动能，以此切实提升成渝地区双城经济圈高校对于国际先进发展理念及科学技术的转化作用。

（3）对于积极促进高校学科建设，实现社会化发展而言，成渝地区双城经济圈高校应在建设“世界一流学科”的契机之下，积极开展围绕学科建设核心的高校科研成果转化以及“产学研”校企融合发展。利用成渝地区双城经济圈高校的“世界一流学科”资源，积极拓展高校学科与本土社会企业的联动式合作渠道，通过成渝地区双城经济圈高校的学科科研优势，切实提升成渝地区双城经济圈合作企业的生产力以及市场竞争力。在建设“世界一流学科”的过程中，成渝地区双城经济圈高校应吸引更多的企业专业技术专家参与到“世界一流学科”的建设与完善过程中，促使成渝地区双城经济圈高校的“世界一流学科”能够不断满足经济社会发展的最新需要，利用高校科研能力的创新与发展，促使成渝地区双城经济圈的“世界一流学科”，能够针对本地区的经济社会发展特点进行科学的学科建设价值定位，最终切实提升成渝地区双城经济圈“世界一流学科”的社会化发展效果。

三、通过高校建设带动成渝地区双城经济圈整体发展

在未来成渝地区双城经济圈高校的国际化改革过程中，应以高校建设为主导，积极以建设“世界一流大学”以及“世界一流学科”为导向，通过高校建设的引领带动作用，整体带动成渝地区双城经济圈实现跨越式发展。具体对于成渝地区双城经济圈的高校而言，应在未来的发展过程中，充分发挥成渝地区双城经济圈高校联盟的优势，应从提升毕业生整体素养、加强院校合作、拓展校企融合发展质量三个关键点入手，在为成渝地区双城经济圈源源不断输送优质高校毕业生人才的基础上，切实发挥成渝地区双城经济圈高校联盟的高等教育国际化改革合力，努力拓展校企融合发展的深度以及广度，促使成渝地区双城经济圈为本地区的区域经济协调发展提供源源不断的动力。

（1）具体对于提升毕业生整体素养而言，成渝地区双城经济圈高校应在高效落实“立德树人”根本任务的基础上，真正实现素质教育的要求，在积极借鉴国际先进高校办学经验的基础上，持续推进高等教育国际化改革，广泛引进和改良国际先进科学技术，利用高等教育国际化改革的具体举措，从

根本上提升成渝地区双城经济圈高校的教学以及科研水平。在积极借鉴国际先进高校办学经验、引进和改良国际先进科学技术的同时，努力提升各高校的文化软实力，引导学生继承和弘扬中华民族优秀传统文化，并且促使学生能够站在当代社会背景下，结合自身发展以及社会的实际需要，对于中华民族传统文化进行相应的发展与改良，促使学生能够兼容并蓄地吸收祖国优秀传统文化精髓，体现出“文化自信”的良好精神风貌。成渝地区双城经济圈高校还应继续加强学科建设、教材改革、教学内容改革的力度，根据全国以及成渝地区双城经济圈的最新社会发展需要，科学地调整学科教育内容。通过学科设置的不断调整，随时解决我国以及成渝地区双城经济圈经济社会发展过程中遇到的新问题，从而促使成渝地区双城经济圈高校学生更适合时代的发展需要。

（2）具体对于加强院校合作而言，成渝地区双城经济圈高校应在本地高校联盟的基础上，积极开展国内外多种形式的院校合作，利用广泛的国内外院校合作资源，促使成渝地区双城经济圈高校与国内外各大合作院校，形成优势互补的高校合作发展新模式。在国内外高校合作的过程中，成渝地区双城经济圈高校应有效利用线上线下相结合的高校联动模式，一方面积极开展与国内高校以及国外高校的学术视频会议、网络在线合作教育；一方面加强成渝地区双城经济圈高校联盟所属高校的联动性，积极开展跨院校的线下学术报告以及学术交流等高校合作途径。

在教学合作的基础上，成渝地区双城经济圈高校联盟还应积极发挥组织优势，通过本联盟高校间的科研合作，凝聚各联盟高校的科研力量，针对成渝地区双城经济圈以及全国范围内的重点科研项目展开突破性的科学研究，促使各合作院校能够形成一股合力，不断突破高校科研难题，为成渝地区双城经济圈乃至全国的科学技术发展，提供更为充分的助力。通过成渝地区双城经济圈高校与国内外高校的高质量教学、科研合作，能够从根本上提升成渝地区双城经济圈的整体发展水平。

（3）具体对于拓展校企融合发展质量而言，在未来的发展历程中，成渝地区双城经济圈高校应进一步扩大校企融合发展的范围，并且有效基于“产学研”校企合作发展契机，持续提升成渝地区双城经济圈高校的科研成果转化价值，并且积极通过校企合作途径，吸引更多的优秀毕业生走入合作企业的对口专业工作岗位，从而在解决高校毕业生就业问题的基础上，为合作企业提供更为优质的人力资源基础。

在未来的成渝地区双城经济圈高校发展过程中，各高校还应充分观察开放式的高校发展理念，充分利用“产学研”校企合作的过程，为成渝地区双城经济圈的区域经济协调发展做出更为突出的贡献。一方面紧抓成渝地区双城经济圈区域经济协调发展的“牛鼻子”，一方面发挥高校的科学研发优势，在更为广泛的“产学研”校企合作发展范围中，实现高校科研成果的有效转化，从而在持续促进成渝地区双城经济圈经济发展的基础上，促使成渝地区双城经济圈高校能够承担起更为重要的社会责任，以此带动成渝地区双城经济圈的整体发展。

第二节　成渝地区双城经济圈高校将实现高质量国际化发展

一、成渝地区双城经济圈高校将不断提升育人质量

高校作为人才培养的摇篮，其最根本的价值就是育人，我们相信在未来的成渝地区双城经济圈高校发展过程中，各所高校的国际化育人质量将会得到不断提升。具体而言，高校的育人价值不仅体现在培养学生养成优秀专业素养的层面上，更重要的是通过对“立德树人”根本任务的落实，促进学生实现“德智体美劳”全面发展；同时随着社会发展的需要，还应当积极培养学生形成良好的社会适应能力，促使学生无论在日后的就业抑或创业过程中，都能够利用自身的社会适应能力争取到更好的发展机会。因此，我们可以将成渝地区双城经济圈高校的国际化育人质量，按照“专业素养发展”“思想道德发展”“社会适应能力”发展三个层面进行划分。成渝地区双城经济圈高校在未来的发展中，通过加强以上三个层面的建设，必将会为中国特色社会主义现代化建设事业，输送更多具有高素质的可塑之才。

（1）具体对于“专业素养发展”层面而言，成渝地区双城经济圈高校在未来的高校建设历程中，应积极发挥高等教育国际化改革优势，利用国际化理念，积极提升高校的教学及科研能力，并且根据国内外人才需求的不断发展变化，随时调整教学策略和教学内容，务求为学生塑造出在当代经济社会真实可用的专业理论知识以及专业技术能力。在成渝地区双城经济圈高校的专业及学科建设过程中，一是要体现出学科专业的国际化改革优势，促使学生能够通过高校学习的途径，养成具有专业技能优势的专业素养；二是要积极引进国际化先进科学技术，利用高校专业课程教学的途径，培养学生具备尖端的国际化专业技术能力；三是要实现教学理论与生产实践相结合，在建

设高质量高校科研实验室的基础上，不断加强“产学研”校企融合发展的力度，促使学生能够将理论与实践相结合，使学生自身的专业素养实现理论与实践的辩证统一，为学生构建起具有职业技术优势的专业技能素养。通过成渝地区双城经济圈高校专业素养育人价值的持续性提升，能够真正凸显成渝地区双城经济圈高校的教育优势，为社会输送更多应用型人才。

（2）具体对于“思想道德发展”层面而言，成渝地区双城经济圈高校在未来的发展过程中，应当对于“立德树人”根本任务常抓不懈，在积极弘扬社会主义核心价值观的基础上，有效融合爱国主义、中华优秀传统文化教育、理想信念教育、劳动教育和革命传统教育的优势，加强法制教育、可持续发展教育、国防教育，使学生将这些思想道德素养内化为精神追求，外化为行动自觉。在具体的高校思想道德教育建设过程中，应积极发挥高校辅导员与各学科任课教师的合力，在辅导员发挥教育引领作用的同时，积极开展各学科的学科思想道德教育渗透，从而有效培养学生具备适应社会发展需要的思想道德品质与学科道德素养，养成适应终身发展需要以及社会发展需要的思想道德品质基础。

此外，在开展正面的思想道德建设的同时，成渝地区双城经济圈高校教师还应积极帮助学生养成对于社会负面思潮的抵御能力，促使学生能够正确分辨各种不同的社会思潮，主动抵制对于自身成长发展具有消极影响的落后思潮，从而更好地促进高校学生实现健康发展。

（3）具体对于“社会适应能力”层面而言，未来的成渝地区双城经济圈高校建设，应以培养学生适应社会发展需要作为出发点，积极帮助学生在高校学习期间，观察社会、了解社会、接触社会，充分发挥高校的“社会桥梁”育人价值，促使学生能够为毕业后正式走入社会做足充分准备。具体可通过开展“产学研”校企合作，以及组织高校社会实践活动的途径开展。在“产学研”校企合作的过程中，成渝地区双城经济圈高校应有效发挥“双导师”教育制度优势，利用院校导师与企业导师的合作教育，促使高校学生养成良好的社会工作态度，并且通过参与校企合作科研、实习、实训等过程，培养出良好的职业适应能力。而在高校社会实践活动的开展过程中，高校教师应当鼓励学生通过多种形式的社会实践活动，有目的地提升自身的人际交往能力、人际合作能力、人际协调能力，促使高校学生通过参与社会实践活动，学会与他人共处、交往与合作，并且能够懂得包容他人的不同意见，从而构建起良好的社会适应能力。

二、成渝地区双城经济圈高校将成为国际交往的新平台

成渝地区双城经济圈高校在未来的高等教育国际化改革历程中，必将基于现有的国际化发展优势，不断提升国际化发展质量，必将成为我国国际交往的新平台。对于成渝地区双城经济圈高校的未来发展而言，成为国际交往的新平台，能够充分促进成渝地区双城经济圈高校与国际先进高校的院校交流，同时为国际先进高校展示中国高等教育改革的新成效，促进国际先进高校更为具体地了解我国高等教育改革的最新成果，从而为我国的国际交往拓展出一条基于国际高校交流的崭新渠道。具体对于成渝地区双城经济圈高校成为国际交往新平台的价值而言，主要体现在促进国际高校了解中国高等教育国际化发展新动向、促进国际社会把握成渝地区双城经济圈发展新动态、促进国际社会增强对于中国特色社会主义高等教育改革的认可度三个方面。通过成渝地区双城经济圈高校的国际交往窗口，有效促进国际社会了解中国以及成渝地区双城经济圈高等教育国际化改革的最新成果。

（1）对于促进国际高校了解中国高等教育国际化发展新动向而言，通过成渝地区双城经济圈高等教育国际化改革的持续推进，在加强国际院校交流的基础上，能够促使国际高校有效了解中国高等教育国际化改革的最近举措，并且在此基础上，进一步加深国际高校与成渝地区双城经济圈高校的跨国高校合作力度，通过成渝地区双城经济圈高等教育国际化改革的缩影，使更多的国际院校加深对我国高等教育国际化改革的认识度。在未来的成渝地区双城经济圈高等教育国际化改革历程中，相关高校应在充分贯彻中国特色社会主义高校办学理念的基础上，对于国际先进高等教育理念与先进科学技术包容并蓄，力争在中国特色社会主义高校办学理念的指导下，积极吸收国际先进高校办学理念及先进科学技术优势，促使成渝地区双城经济圈高等教育国际化改革迈上一个新的台阶，为国际范围的各所国际高校，提供一个充分展示中国特色社会主义教育发展进步的缩影，并且获得更多国际合作院校的认同。

（2）对于促进国际社会把握成渝地区双城经济圈发展新动态而言，通过成渝地区双城经济圈高等教育国际化改革的步伐，应在积极利用国际先进教育理念、提升成渝地区双城经济圈高校育人效能的基础，积极地将国际先进科学技术转化为促进成渝地区双城经济圈区域经济协调发展的新产能、新动能。成渝地区双城经济圈高校应通过“产学研”校企融合的经济发展模式，将国际化的先进教育理念与科学技术转化为促进成渝地区双城经济圈经济发

展的重要生产力，并且通过成渝地区双城经济圈高校的国际交往新平台，为国际社会有效展示成渝地区双城经济圈经济社会最新的“产学研”校企融合发展成就，促使国际社会在把握成渝地区双城经济圈高校“产学研”发展成果的基础上，更为显著地加强与成渝地区双城经济圈高校开展国际合作的信心与决心。总体而言，利用这样的高校国际化“产学研”成果展示窗口，能够促使国际社会科学、客观地认识到成渝地区双城经济圈高校的科研成果转化价值，加深对于中国特色“产学研”校企融合经济发展模式的认同。

（3）对于促进国际社会增强对中国特色社会主义高等教育改革认可程度而言，通过成渝地区双城经济圈高校高等教育国际化改革的持续深入，首先能够促使外籍留学生切身感受到中国特色社会主义高等教育改革的实际作用，利用办学理念以及学科、专业的国际化改革过程，充分将国际先进教育理念以及尖端科学技术，转化为符合中国国情的教育资源。而对于国际合作院校而言，通过高等院校国际化交流的过程，能够清楚地展示我国成渝地区双城经济圈高校国际化改革的最新成就，促使相关的国际院校，能够对于我国成渝地区双城经济圈高校的国际化改革给予更为充分的认同。而对于国际企业而言，在未来的成渝地区双城经济圈高等教育国际化改单过程中，国际化“产学研”校企融合发展将是必然的趋势。通过国际化“产学研”发展的过程，能够促进成渝地区双城经济圈吸引更多的外商投资，并为相应的高校学生提供更多的跨国企业实习及工作岗位。在加深成渝地区双城经济圈高校国际影响力的基础上，更好地提升跨国“产学研”校企融合发展的实效性。

三、成渝地区双城经济圈高校将承担更为重要的社会责任

在未来的成渝地区双城经济圈国际化改革发展历程中，各所高校必将承担更为重要的社会责任。通过各高校的国际化改革不断深入，一方面有效地为祖国培养出更多具有国际化专业素养的“应用型”“复合型”人才，满足成渝地区双城经济圈乃至全国的人才发展需求；一方面为成渝地区双城经济圈乃至全国范围内的校企合作发展企业带来更为尖端的国际化生产技术，积极实现高校科研成果的转化落地；与此同时，通过成渝地区双城经济圈高校的国际化改革，还能够切实提升成渝地区双城经济圈高校的社会影响力。通过高校品牌价值的建设与提升，建设起一批国内领先、国际知名的品牌高等院校。因此我们相信，成渝地区双城经济圈高校将在未来的国际化改革发展历程中，必将不断提升高校的社会价值，以承担更为重要的社会责任为基础，积极实现成渝地区双城经济圈高校的高质量社会化发展，为成渝地区双

城经济圈的区域经济协调发展创造出更为充实的新产能、新动能。

（1）具体对于承担人才培养社会责任而言，成渝地区双城经济圈高校应基于高等教育国际化改革契机，积极吸收和借鉴国际化的先进教育理念以及教育举措，并且包容并蓄地将国际尖端科学技术转化为符合中国特色以及成渝地区双城经济圈区域经济协调发展的高校专业教学内容，从而切实加强成渝地区双城经济圈高校的人才培养效能。通过符合中国特色以及成渝地区双城经济圈发展特点的高等教育国际化改革过程，促使国际化的先进教育理念以及尖端科学技术，能够被高校学生充分吸收与理解，并在学生毕业之后，真正使成渝地区双城经济圈高校毕业生转化为自身的职业竞争力。在提升高校毕业生对口专业就业率的基础上，为更多成渝地区双城经济圈高校毕业生培养国际化的职业发展素养，促使更多毕业生能够利用在成渝地区双城经济圈高校所学的国际尖端科学技术，为祖国的发展服务，从而促进更多高校毕业生成为满足社会主义市场经济发展需要的“应用型”“复合型”人才。

（2）对于实现高校科研成果的转化落地而言，通过成渝地区双城经济圈高等教育国际化改革的历程，在各高校的学科研究领域，应广泛引进国际化先进生产技术。通过对国际尖端科学技术的“中国化”改良与改进，形成符合中国特色以及成渝地区双城经济圈生产发展需要的核心技术。在此基础上，有条件的高校还应积极建立高校科学技术自主研发团队，对于关键性的科学技术开展自主研发，将科学技术与市场发展的主动权牢牢把握在自己手上。利用“产学研”深度融合与自主科学技术研发的无缝对接，促进成渝地区双城经济圈高校与合作企业，能够掌握相应科技领域的核心技术，并且通过核心技术科研成果产业转化的过程，更为有效地促进成渝地区双城经济圈高校实现深度“产学研”校企融合发展，也能够促使相关高校以及合作企业承担更为重要的经济社会产业发展责任。

（3）最后对于成渝地区双城经济圈高校的品牌价值塑造来讲，各高校应当通过持续深入的国际化改革历程，不断在我国乃至世界范围内，提升高校自身的社会影响力，从而以高校的品牌价值树立为契机，获得更多的高等教育发展机会。高校的品牌价值的树立，其根本还是需要考量高校的人才培养质量。在未来的发展历程中，成渝地区双城经济圈高校应通过高等教育国际化改革的持续深入，培养出更多适应社会发展需要的杰出人才，从而利用校友的榜样示范作用，努力凸显成渝地区双城经济圈高校的品牌价值。与此同时，成渝地区双城经济圈高校还应继续提升院校科研力量，充分结合我国特别是成渝地区双城经济圈的市场经济发展需要，集中科研力量，攻克一系列重要科研课题，从而在高校的科学研究领域中，有效塑造高校的品牌价值。正所谓“十年树木，百年树人”，高校的品牌价值建设，是一个长期的高校发展命题，成渝地区双城经济圈高等教育工作者应以高校品牌建设作为自身长期努力的目标，持之以恒地创造出色的高校品牌价值。

参考文献

[1] 黄明东 . 我国高等教育的国际化政策研究 [M]. 北京 : 社会科学文献出版社 ,2019.

[2] 邵光华 , 施春阳 , 周国平 , 等 . 区域高等教育国际化研究 [M]. 杭州 : 浙江大学出版社 , 2016.

[3] 刘翠兰 , 杨淑平 , 征艳珂 , 等 . 民办高校人才发展研究 [M]. 北京 : 中国社会科学出版社 , 2020.

[4] 姜丽华 . 学生创新能力培养与教师文化构建 [M]. 北京 : 中央编译出版社 ,2015.

[5] 杜德斌 , 张仁开 , 龚利 , 等 . 高校科技国际化 : 国际经验与中国的实践（教育部科学技术委员会战略研究重大专项）[M]. 北京 : 中国人民大学出版社 , 2015.

[6] 黄佳祯 , 许强 , 魏瑶 . 成渝经济圈经济效率评价与治理研究 [M]. 北京 : 中国经济出版社 , 2019.

[7] 国家发展和改革委员会学术委员会办公室 . "一带一路" : 构建全方位开放新格局 [M]. 北京 : 中国计划出版社 , 2015.

[8] 李群 , 王宾 , 曾诚 . 中国西部地区经济社会跨越式发展路径选择 [M]. 北京 : 中国社会科学出版社 , 2015.

[9] 杜德斌 , 张仁开 , 龚利 , 等 . 高校科技国际化 : 国际经验与中国的实践 [M]. 北京 : 中国人民大学出版社 , 2015.

[10] 郝瑜 , 孙二军 . 区域高等教育发展战略与政策保障 : 基于建设"高教强国"的视角 [M]. 北京 : 社会科学文献出版社 , 2014.

[11] 搜狐网 . 国家重要战略布局！成渝高校要崛起了 [EB/OL].(2020-10-22).https://www.sohu.com/a/426576518_372475.

[12] 叶勇 , 龙跃 , 靳俊喜 . 信息产业对地区经济发展的贡献及政策研究 : 以重庆市为例 [M]. 成都 : 西南财经大学出版社 , 2011.

[13] 李天友 , 杨胜君 , 庞国伟 . 高校学生工作研究与实践 [M]. 成都 : 四川大学出版社 , 2015.

[14] 肖钢 . 中国资本市场变革 [M]. 北京 : 中信出版集团 , 2020.
[15] 习近平 , 刘云山 , 王岐山 , 等 . 党的十九大报告辅导读本 [M]. 北京 : 人民出版社 , 2017.
[16] 陈强 , 鲍悦华 , 常旭华 . 高校科技成果转化与协同创新 [M]. 北京 : 清华大学出版社 , 2017.
[17] 重庆大学国际合作与交流处暨港澳台事务办公室 . 关于选派推荐学生开展重庆大学 2021 E-Global Bridge 意大利贝加莫大学在线暑期课程项目的通知 [EB/OL].(2021-04-29).http://intex.cqu.edu.cn/info/1027/3953.htm.
[18] 刘小庆 , 曹静 , 王存芳 . 大学生创新创业 [M]. 北京 : 人民邮电出版社 , 2019.
[19] 胡莉芳 . 高等教育课程的主要问题 [M]. 北京 : 中国人民大学出版社 , 2018.
[20] 钟志贤 . 信息化教学模式 [M]. 北京 : 北京师范大学出版社 , 2006.
[21] 刘莉 , 刘念才 . 世界一流大学建设与中国梦 [M]. 上海 : 上海交通大学出版社 , 2018.
[22] 北京市教育委员会 , 北京高等教育学会教材工作研究会 . 构建高等教育教材建设体系 , 提高高等教育教学与人才培养质量 : 北京高校教材建设研究文集 [M]. 北京 : 中国人民大学出版社 , 2015.
[23] 周景坤 . 教学型高校教师区分性评价研究 [M]. 北京 : 中国社会科学出版社 , 2020.
[24] 齐鹏飞 . 中国共产党创办新型高等教育的历史、理论与实践——中国人民大学 80 年办学经验总结 [M]. 北京 : 中国人民大学出版社 , 2018.
[25] 苏霍姆林斯基 . 给教师的建议 [M]. 武汉 : 长江文艺出版社 , 2014.
[26] 风华 . 提高执行力的 23 个关键 [M]. 北京 : 北京华夏墨香文化传媒有限公司 , 2011.
[27] 吴庆 , 段祥伟 , 尹福斌 . 大学生社会责任感培育的实践与探索 [M]. 北京 : 人民邮电出版社 , 2019.
[28] 姚益龙 . 教育市场化与经济增长 : 国际比较与中国的实践 [M]. 北京 : 清华大学出版社 , 2012.
[29] 莫荣 , 丁赛尔 , 王伯庆 , 等 . 高校毕业生就业研究 : 产业转型升级下的机遇与挑战 [M]. 北京 : 社会科学文献出版社 , 2018.
[30] 熊彼特 . 经济发展理论 [M]. 上海 : 立信会计出版社 , 2017.
[31] 人力资源管理与服务系统项目组 . 高校人力资源管理与服务信息化路径 : 让人事工作更轻松快乐 [M]. 北京 : 人民邮电出版社 , 2015.
[32] 清华大学国际合作与交流处 . 清华大学主办第九届世界和平论坛 [EB/OL].

(2021-07-03).https://www.tsinghua.edu.cn/info/1173/85558.htm.
[33] 宋世杰 . 职业院校教师队伍发展研究 [M]. 长春 : 吉林人民出版社 , 2019.
[34] 李春玲 . 可持续发展教育 : 进展与挑战 [M]. 北京 : 社会科学文献出版社 , 2017.
[35] 陈强 , 鲍悦华 , 常旭华 . 高校科技成果转化与协同创新 [M]. 北京 : 清华大学出版社 , 2017.
[36] 许继琴 , 杨丹萍 , 等 . 基于长三角地区经济一体化的宁波功能定位研究 [M]. 杭州 : 浙江大学出版社 , 2011.
[37] 南京大学 . 南京大学与华为技术有限公司合作共建"智能基座"产教融合协同育人基地 [EB/OL].(2021-01-08).https://www.nju.edu.cn/c1/61/c3814a508257/page.htm.
[38] 马化腾 . 粤港澳大湾区 [M]. 北京 : 中信出版社 , 2018.
[39] 王宏 . 高校大学生创新创业能力培育研究 [M]. 长春 : 吉林人民出版社 , 2017.
[40] 邢磊 . 高校教师应该知道的 120 个教学问题 [M]. 北京大学出版社 : 北京 , 2010.
[41] 陈兴明 . 中国大学"苏联模式"课程体系的形成与变革 [M]. 北京 : 社会科学文献出版社 , 2012.
[42] 曹帅 , 等 . 新时代的公共治理与公众参与 [M]. 上海 : 同济大学出版社 , 2019.
[43] 张健 . 产学研互动与区域协同发展 [M]. 北京 : 中国人民大学出版社 , 2017.
[44] 薛婷 . 社会认同的逻辑 : 集体行动的理性与感性之争 [M]. 北京 : 清华大学出版社 , 2017.
[45] 闵维方 , 岳昌君 , 丁小浩 . 高校毕业生就业问题与对策研究 [M]. 北京 : 北京大学出版社 , 2018.
[46] 王军 . 中国经济发展"新常态"初探 [M]. 北京 : 社会科学文献出版社 , 2017.
[47] 王磊 . 高校科研团队创造力的形成与提升策略研究 [M]. 北京 : 中国农业出版社 , 2014.
[48] 杜德斌 , 张仁开 , 龚利 , 等 . 高校科技国际化 : 国际经验与中国的实践 [M]. 北京 : 中国人民大学出版社 , 2015.
[49] 田野 . 中国参与国际合作的制度设计 : 一种比较制度分析 [M]. 北京 : 社会科学文献出版社 , 2017.
[50] 赵国忠 . 职业教育校企合作问题研究（上）[M]. 汕头 : 汕头大学出版社 ,2018.
[51] 21 世纪经济报道 . 疫情下的全球产业链调查（《21 世纪经济报道》深度观察）[M]. 杭州 : 浙江出版集团数字传媒有限公司 , 2020.

[52] 王婉 . 科技创新与科技成果转化 [M]. 北京 : 中国经济出版社 , 2018.
[53] 范桃根 . 运营力 : 企业内部运营与资本增值 [M]. 北京 : 机械工业出版社 , 2017.
[54] 游一行 . 优秀员工要有好心态好方法好素养 [M]. 北京 : 中国纺织出版社 , 2011.